<u>Independently published</u>

Albrecht van Anders

Rhetorik-Bestie 1+2

600 Fremdwörter vereint in einer Version

Mit Tipps und abschließenden Tests!

Über den Autor

Albrecht van Anders ist ein deutscher Autor mit holländischen Wurzeln. Er wurde am 17. Februar 1979 in Heidelberg geboren und entschloss sich aufgrund seines großen Interesses an wirtschaftlichen Themen für ein Studium der Betriebswirtschaft, welches er mit einem Bachelor of Arts abschloss. Da viele Positionen innerhalb erfolgreicher Unternehmen fast ausschließlich Personen mit einem Masterabschluss vorbehalten waren, entschied sich van Anders nach mehrjähriger Berufserfahrung in der freien Wirtschaft, für ein weiteres Studium.

Durch den immer größer werdenden Einfluss der englischen Sprache im deutschen Business-Alltag, bewarb er sich für das Masterstudium „International Management", das größtenteils englischsprachige Kurse beinhaltete. Dieses schloss er unter den Besten seines Jahrgangs ab und arbeitete fortan als erfolgreicher Unternehmensberater im Rhein-Neckar-Kreis. Da er persönlich sehr großes Interesse an der deutschen Sprache und rhetorischen Erfolgsfaktoren hat, machte er mehrere Fortbildungen im Bereich Linguistik, Germanistik und Kommunikationswissenschaften. Angetrieben von dieser Faszination verfasst er heute als unabhängiger Autor hauptsächlich Werke über Rhetorik, Kommunikation und Business-Themen.

Albrecht van Anders verbringt seine Freizeit gerne in der Natur, um den Kopf frei zu bekommen und die Seele baumeln zu lassen. So genießt er etwa das Wandern, Segeln, Spazieren gehen und Skifahren mit seiner Familie. Heute lebt er mit seiner Frau und seinen drei Kindern in Heidelberg. Zudem hält er Gastvorträge an Universitäten und Hochschulen in Rheinland-Pfalz, Baden-Württemberg und Hessen.

Bibliografische Information der Deutschen Nationalbibliothek: Die Deutsche Nationalbibliothek verzeichnet diese Publikation in der Deutschen Nationalbibliografie; detaillierte bibliografische Daten sind im Internet über dnb.dnb.de abrufbar.

2. Auflage: April 2020

© Albrecht van Anders

Coverbild: sewonboy / Shutterstock

Profilbild: goodluz / Shutterstock

Druck/ Auslieferung: Amazon oder Amazon Tochtergesellschaft

Independently published | ISBN: 979-8626477948

Vorwort

Liebe Leserin, lieber Leser,

herzlichen Dank für den Kauf dieses Buches. Aus der Idee eines Buches für gehobene Fremdwörter entstand 2018 der erste Teil der „Rhetorik-Bestie". Dieser charakterisiert sich durch 300 Fremdwörter auf Anfänger-Niveau, spielend einfach zu erlernen durch anschauliche Beispiele und Tipps. Aufgrund der hohen Nachfrage des Buches sowie den guten Bewertungen, wurde das zweite Fremdwörterbuch „Rhetorik-Bestie 2.0" auf Fortgeschrittenen-Niveau konzipiert. Dieses Werk basiert auf dem gleichen Konzept wie die Rhetorik-Bestie, um Lernprozesse für Leser analog zu gestalten.

Da mittlerweile bereits mehrfach nach einer „Komplettversion" mit beiden Teilen gefragt wurde, sind in dieser Version schließlich beide Fremdwörterbücher vereint. Es ermöglicht nun stufenweise bis zu 600 anspruchsvolle Wörter verinnerlichen und beherrschen zu können. Es empfiehlt sich mit dem 1. Teil anzufangen, da diese 300 Fremdwörter auf Anfänger-Niveau durchaus leichter und damit schneller zu erlernen sind. Persönlich kann ich Ihnen empfehlen diese 600 Wörter auf mehrere Tage verteilt zu lernen, um deren langfristige Verankerung im Gedächtnis zu gewährleisten. So könnte man täglich bequem 30 Wörter lernen und hätte demnach bereits nach 20 Tagen ein eindrucksvolles Vokabular etabliert.

Ich wünschen Ihnen viel Spaß und Erfolg Ihren Wortschatz mit diesem Buch zu erweitern, um eine echte Rhetorik-Bestie zu werden!

Ihr Albrecht van Anders

A. Van Anders

Inhaltsverzeichnis

Einleitung

Sie möchten sich gewählter artikulieren, Ihren Wortschatz erweitern oder Ihr Umfeld mit den immer passenden Wörtern beeindrucken? Dann ist dieses Buch die perfekte Wahl, um Sie rhetorisch fit zu machen. Ganz gleich ob Sie zur Schule gehen, akribisch für Ihren Studienabschluss lernen oder sich in der Blüte Ihres Lebens befinden: Es ist nie zu spät den persönlichen Horizont zu erweitern, um sich selbstbewusst und überzeugend auszudrücken. Überraschen Sie Ihr privates- und berufliches Umfeld mit einer eindrucksvollen und erstklassigen Wortwahl. Für folgende Personengruppen ist dieses Buch besonders sinnvoll:

- Schüler/ Studenten
- Personen im Verkauf/ Berater/ Führungskräfte
- Lehrer/ Trainer
- Autoren/ Schriftsteller
- Personen in den Bereichen Marketing/ Kommunikation/ Werbung
- Kommentatoren/ Journalisten
- Juristen/ Banker
- Telefonisten/ Rezeptionisten

Hinzuzuziehen sind jegliche Personen, die aufgezählte Berufe anstreben oder sich in deren Ausbildung befinden. Grundsätzlich sind jedoch ein breitgefächerter Wortschatz, Fremdwörter und Wortgewandtheit vor allem für jene Personen sinnvoll, die unmittelbaren Kundenkontakt haben. Aber selbstverständlich kann es auch sonst keinem Menschen schaden sich gewählter zu artikulieren, sofern er das möchte.

Warum gerade Fremdwörter?

Fremdwörter ermöglichen eine präzise Ausdrucksweise und verhindern störende Wiederholungen alltäglicher, trivialer Wörter. Außerdem steigern sie das Sprachniveau und vermitteln (Sach-) Kompetenz. Selbst wer nicht unbedingt weiß wovon er spricht, kann einen Mangel an Informationen oftmals mit den „richtigen" Worten gekonnt und sicher verbergen. So sind nicht selten Personen des öffentlichen Lebens dabei zu beobachten, wie sie zahlreiche

Vokabeln aus der Schublade kramen, die niveauvoll und intellektuell klingen, doch mit der eigentlichen Thematik des Interviews oder Gesprächs wenig bis gar nichts gemeinsam haben. Denn insbesondere ausdrucksstarke Verben und Adjektive fördern Anschaulichkeit und das Vorstellungsvermögen des Gegenübers. Sie machen Gesagtes eindringlich und können insbesondere komplizierte Sachverhalte eindrücklich und explizit ausdrücken. Darüber hinaus können Fremdwörter das persönliche Image verstärken und eine kultivierte, gebildete Wahrnehmung der eigenen Person ermöglichen.

Nichtsdestotrotz sollte beachtet werden, dass der bewusst gewählte Gebrauch der Umgangssprache und des eigenen Dialekts oftmals realitätsnah wirken und eine Identifikation mit dem direkten Kommunikationspartner ermöglichen können. Daher sollten sie keineswegs komplett gemieden werden, sondern geschickt nach Gesprächspartner und/ oder Publikum eingesetzt werden.

Persönliche Erfahrung

Ich erinnere mich an eine Konstellation in meinem ersten Jahr als Bachelorstudent der Betriebswirtschaft. Frisch nach dem Abitur fiel es meinen Kommilitonen und mir durchaus schwer jedes Wort der Dozenten inhaltlich oder gar sinngemäß zu verstehen. So bedienten wir uns einer eher banalen und alltäglichen Sprache, da gehobene und fachspezifische Wörter der Dozenten erst durch die ständige Verwendung im eigenen Wortschatz etabliert wurden. Ein Student, Stefan, bereits 3 Jahre älter als die Mehrheit von uns, machte jedoch durch seine beeindruckende Ausdrucksweise auf sich aufmerksam. Selbst Dozenten sprachen ihn auf seine rhetorische Eleganz an und waren sichtlich beeindruckt. Immer wenn er innerhalb der Vorlesung Einwände oder Statements preisgab konnte man beobachten wie sich die meisten Studenten fragend anschauten, ohne jegliche Vorstellung davon zu haben, was seine Aussagen im Kern zu bedeuten hatten, da viele Worte für uns schlichtweg unbekannt waren. Kein Wunder also, dass Stefan unter den Dozenten ziemlich beliebt war und entsprechend oft zu Wort kommen durfte. Denn durch seine bewusst gewählte und beeindruckende Wortwahl klang er nicht nur kultiviert, sondern gleichermaßen überzeugend und professionell. Als wir ihn im Laufe des Semesters auf seine Redegewandtheit ansprachen, gab er an bereits mehrere Semester Germanistik studiert zu haben.

Seitdem ich zum ersten Mal einen fachlichen Beitrag von Stefan innerhalb des Semesters hörte wusste ich, dass ich mich genauso gewählt und sicher artikulieren wollte, wie er es tat. Er hätte über Todesanzeigen informieren können, durch seine Wortwahl und dessen Wirkung auf seine Mitmenschen, hätte selbst dieses Thema höchst interessant und spannend gewirkt. So setzte ich mir das Ziel meinen Wortschatz zu erweitern und an meiner Rhetorik zu arbeiten. Nach etlichem Recherchieren und Stöbern in Fremdwörterlexika, stellte ich mir 300 Wörter für mehr Eloquenz zusammen, die mich von da an besser artikulieren ließen. Bereits der englische Philosoph Sir Francis von Verulam Bacon (1561 - 1626) machte mit seiner Aussage „Die Sprache gehört zum Charakter des Menschen" deutlich, dass gesprochene Wörter nicht nur Sachinhalte vermitteln, sondern gleichermaßen auch Angaben über die eigene Person machen. Sie geben Auskünfte über den individuellen Bildungshintergrund, die persönliche Herkunft und nicht selten sogar den sozialen Umgang. Gleichermaßen formen sie jedoch die Wahrnehmung des eigenen Charakters. Wer sich regelmäßig Fremdwörtern bedient wirkt daher eher intelligent, professionell und überzeugend, als jemand, der im Dialekt und mit Wörtern wie „tun" kommuniziert.

Als ich schließlich im ersten Semester meines Masterstudiums angelangt war und die 300 Wörter komplett in meinen Wortschatz integriert hatte, äußerte ich mich in einer der ersten Vorlesungen eines Kurses zu einer interkulturellen Debatte. Da ich das Masterstudium an einer anderen Hochschule, wie zuvor das Bachelorstudium, absolvierte, hatten meine Kommilitonen zu diesem Zeitpunkt noch keinerlei Vorwissen über meine Person und staunten nicht schlecht, als sie den sicheren Einsatz von Worten wie „kohärent" oder „obsolet" zu hören bekamen. Spätestens als mich mein Banknachbar fragte was denn „Kongruenz" bedeute, wusste ich, wie sich Stefan in dieser Situation gefühlt haben musste: selbstsicher, kompetent, fähig und überzeugend. Aus persönlicher Erfahrung kann ich sagen, dass Redegewandtheit viele Situationen vereinfacht. Ein großer und fundierter Wortschatz kann den eigenen Standpunkt klar und unmissverständlich darlegen und somit zu einer eindeutigen und effektiven Kommunikation führen. Zudem erhöht er die Bereitschaft des Publikums dem Redner konzentriert zuzuhören. Ganz gleich welchen Bildungsstand oder welche berufliche Position Sie persönlich haben, Sprachfertigkeit ist keine Kunst, jedermann kann sie trainieren, erlernen und sich rhetorisch verbessern.

Lernmethode

Die 300 Fremdwörter der beiden Bücher werden jeweils in alphabetischer Reihenfolge alphabetischer Reihenfolge jeweils mit einem oder mehreren Synonymen oder/ und einer kurzen Bedeutung erläutert. Anschließend folgt ein Beispielsatz, um den Gebrauch des Wortes zu verdeutlichen. Anhand dessen können ebenfalls bildliche Vorstellungen erzeugt werden, um sich die Worte besser einprägen zu können, oder sogenannte Eselsbrücken zu konstruieren. Darüber hinaus befindet sich unter jedem Fremd-wort der Ausdruck „Häufigkeit". Dieser verdeutlicht durch eine Skala von 1-10, wie oft das jeweilige Wort im allgemeinen Sprachgebrauch verwendet wird. Je höher die Zahl, desto häufiger kommt das Fremdwort im allgemeinen Sprachgebrauch vor. Das folgende Beispiel veranschaulicht wie im Zuge dessen vorgegangen wird:

Beispiel:

Fremdwort -Nr.0-

Rhetorik

Häufigkeit: 

Bedeutung: Wortgewandtheit, Redegewandtheit

Satz: Rhetorik ist der künstlerische Umgang mit Worten.

Für einen schnellen und erfolgreichen Lernprozess ist zu empfehlen das jeweilige Fremdwort in einer Farbe (z.B. grün) auf die Vorderseite einer Karteikarte zu schreiben und dessen Bedeutung in einer anderen Farbe (z.B. rot) auf dessen Hinterseite. So können Sie die Karten während des Lernens unmittelbar unterscheiden und direkt erkennen auf welchen Seiten die Fremdwörter stehen, die es zu lernen gilt. Lerntipps oder Hinweise unter Beispielsätzen einiger Fremdwörter dienen dem vereinfachten Einprägen spezifischer Ausdrücke. Bei Worten mit mehrfachen und unterschiedlichen Bedeutungen, wird sich auf die markanteste und bekannteste Bedeutung beschränkt, um Verwirrungen auszuschließen.

Wenn Sie sich „fit" fühlen und der Meinung sind die Bedeutungen aller Begrifflichkeiten auswendig zu wissen, können Sie sich den Tests auf den abschließenden Seiten der beiden Sektionen unterziehen. Verzweifeln Sie jedoch keineswegs, wenn Sie eine Antwort nicht auf Anhieb wissen. Für diesen Fall gibt es nach beiden Büchern innerhalb dieses Werks eine Lösungsübersicht der abgefragten Wörter.

Sind sie bereit eine echte Rhetorik-Bestie zu werden? Perfekt! Dann geht es jetzt mit dem ersten Teil der Rhetorik-Bestie unmittelbar los!

Rhetorik-Bestie

300 Wörter für mehr Eloquenz

ALBRECHT VAN ANDERS

Fremdwörter - Anfangsbuchstabe: A

Fremdwort -Nr.1-

abstrahieren

Häufigkeit: 1 2 3 **4** 5 6 7 8 9 10

Bedeutung: verallgemeinern, generalisieren

Satz: In komplexen Situationen, ist es oftmals sinnvoll, Details und Kleinigkeiten zu abstrahieren.

> **Gegenteil:** konkretisieren, präzisieren

Fremdwort -Nr.2-

adäquat

Häufigkeit: 1 2 3 4 5 **6** 7 8 9 10

Bedeutung: angemessen, entsprechend

Satz: Thomas fand eine adäquate Lösung für das Problem.

Fremdwort -Nr.3-

adaptieren

Häufigkeit: 1 2 3 **4** 5 6 7 8 9 10

Bedeutung: (sich) anpassen, angleichen

Satz: Das Auge adaptierte sich an die Dunkelheit.

Fremdwort -Nr.4-

ad hoc

Häufigkeit: 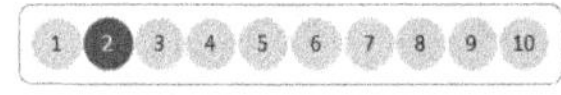

Bedeutung: aus dem Augenblick heraus, spontan, aus dem Stegreif (heraus)

Satz: Die Stadt konnte nicht evakuiert werden, da das Erdbeben ad hoc auftrat.

Fremdwort -Nr.5-

äquivalent

Häufigkeit: 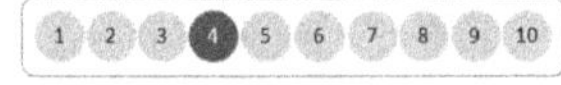

Bedeutung: gleichwertig, entsprechend

Satz: „Reden" und „sprechen" sind zwei äquivalente Ausdrücke.

Fremdwort -Nr.6-

ästhetisch

Häufigkeit: 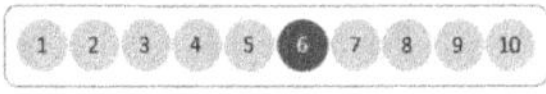

Bedeutung: elegant, stilvoll, schön gestaltet

Satz: Der Architekt legte besonderen Wert auf eine ästhetische Darstellung des Hauses.

Fremdwort -Nr.7-

Affinität

Häufigkeit: 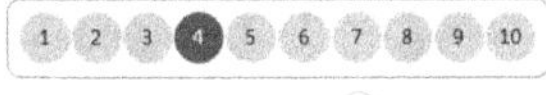

Bedeutung: Empfänglichkeit, Neigung, Verbundenheit

Satz: Der Kandidat konnte eine hohe Affinität zur Technik vorweisen.

Fremdwort -Nr.8-

Akquise

Häufigkeit: 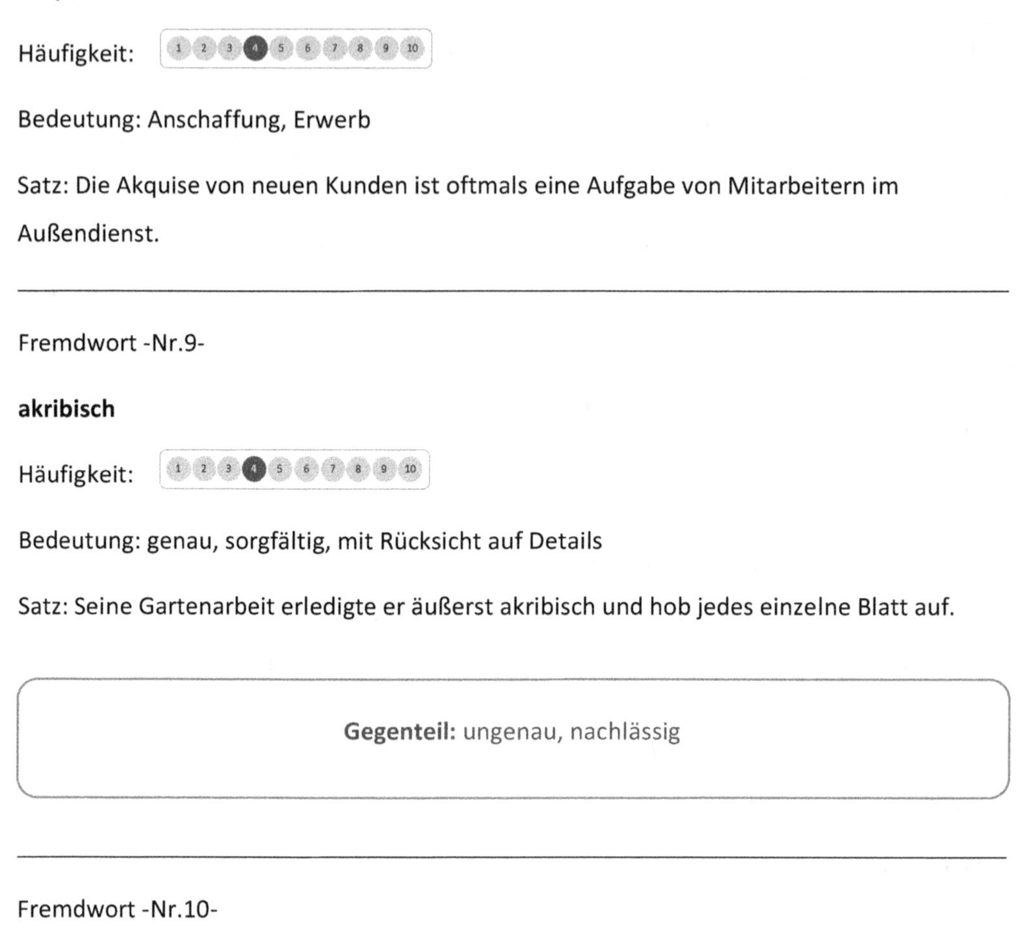

Bedeutung: Anschaffung, Erwerb

Satz: Die Akquise von neuen Kunden ist oftmals eine Aufgabe von Mitarbeitern im Außendienst.

Fremdwort -Nr.9-

akribisch

Häufigkeit:

Bedeutung: genau, sorgfältig, mit Rücksicht auf Details

Satz: Seine Gartenarbeit erledigte er äußerst akribisch und hob jedes einzelne Blatt auf.

Gegenteil: ungenau, nachlässig

Fremdwort -Nr.10-

ambivalent

Häufigkeit:

Bedeutung: widersprüchlich, gespalten, zwiespältig

Satz: Franks letzte Aussage war äußerst ambivalent. Die anwesenden Personen schauten ihn mit fragenden Gesichtern an.

Fremdwort -Nr.11-

analog

Häufigkeit: 

Bedeutung: ähnlich, vergleichbar, gleichartig

Satz: Die beiden Kriminalfälle können als analog bezeichnet werden.

Fremdwort -Nr.12-

antizipieren

Häufigkeit: 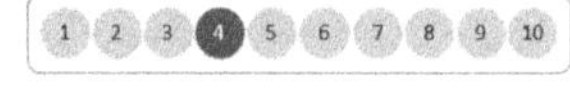

Bedeutung: vorausahnen, etwas erkennen, bevor es eingetreten ist

Satz: Der Abwehrspieler antizipierte den Laufweg des Stürmers und setzte zur Grätsche an.

Fremdwort -Nr.13-

antizyklisch

Häufigkeit: 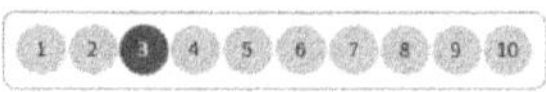

Bedeutung: einem Zyklus entgegengerichtet

Satz: Ralf kauft seine Reifen antizyklisch: Er erwirbt seine Sommerreifen im Winter und seine Winterreifen im Sommer.

Fremdwort -Nr.14-

apathisch

Häufigkeit: 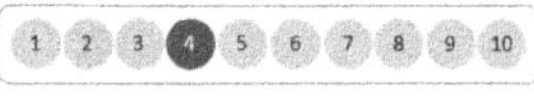

Bedeutung: teilnahmslos, gleichgültig

Satz: Nachdem er von der Trennung seiner Eltern erfahren hatte, saß er apathisch auf dem Fußboden seines Zimmers.

Fremdwort -Nr.15-

appellieren

Häufigkeit: 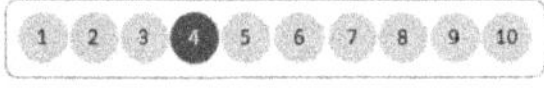

Bedeutung: sich mit einem Anliegen, einer Aufforderung oder Bitte an jemanden wenden

Satz: Der Abgeordnete appellierte an die Regierung zeitnah zu handeln.

Fremdwort -Nr.16-

artikulieren

Häufigkeit: 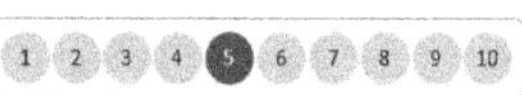

Bedeutung: etwas klar formulieren, deutlich aussprechen

Satz: Jonas artikulierte seine Meinung vor der gesamten Gruppe.

Fremdwort -Nr.17-

assoziieren

Häufigkeit: 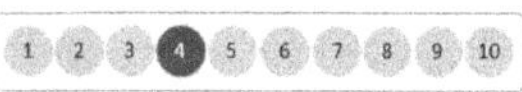

Bedeutung: verbinden, verknüpfen, korrelieren

Satz: Mit dem Namen seiner Heimatsstadt assoziiert er die Erlebnisse seiner Kindheit.

Fremdwort -Nr.18-

Attitude

Häufigkeit:

Bedeutung: Einstellung, Haltung

Satz: Er fiel mit einer positiven Attitude auf.

Fremdwort -Nr.19-

Attribut

Häufigkeit: 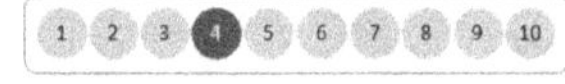

Bedeutung: Merkmal, Eigenschaft

Satz: Seine Schnelligkeit war das markanteste seiner Attribute.

Fremdwort -Nr.20-

autark

Häufigkeit: 

Bedeutung: selbstständig, eigenständig

Satz: Jens war in seinem Denken und Handeln völlig autark; also machte er sich mit seinem Rucksack auf den Weg.

Fremdwort -Nr.21-

authentisch

Häufigkeit: 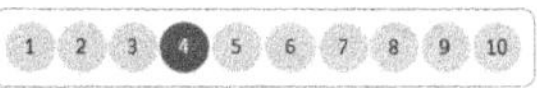

Bedeutung: glaubhaft, wahr, echt (und daher zuverlässig)

Satz: Beim Sprechen wirkte sie so authentisch, dass man ihre Lüge für die Wahrheit hielt.

Fremdwort -Nr.22-

Autokrat

Häufigkeit: 1 2 3 **4** 5 6 7 8 9 10

Bedeutung: Herrscher, Diktator

Satz: Das Verhalten des Trainers erinnerte an einen Autokraten.

Fremdwort -Nr.23-

autonom

Häufigkeit: 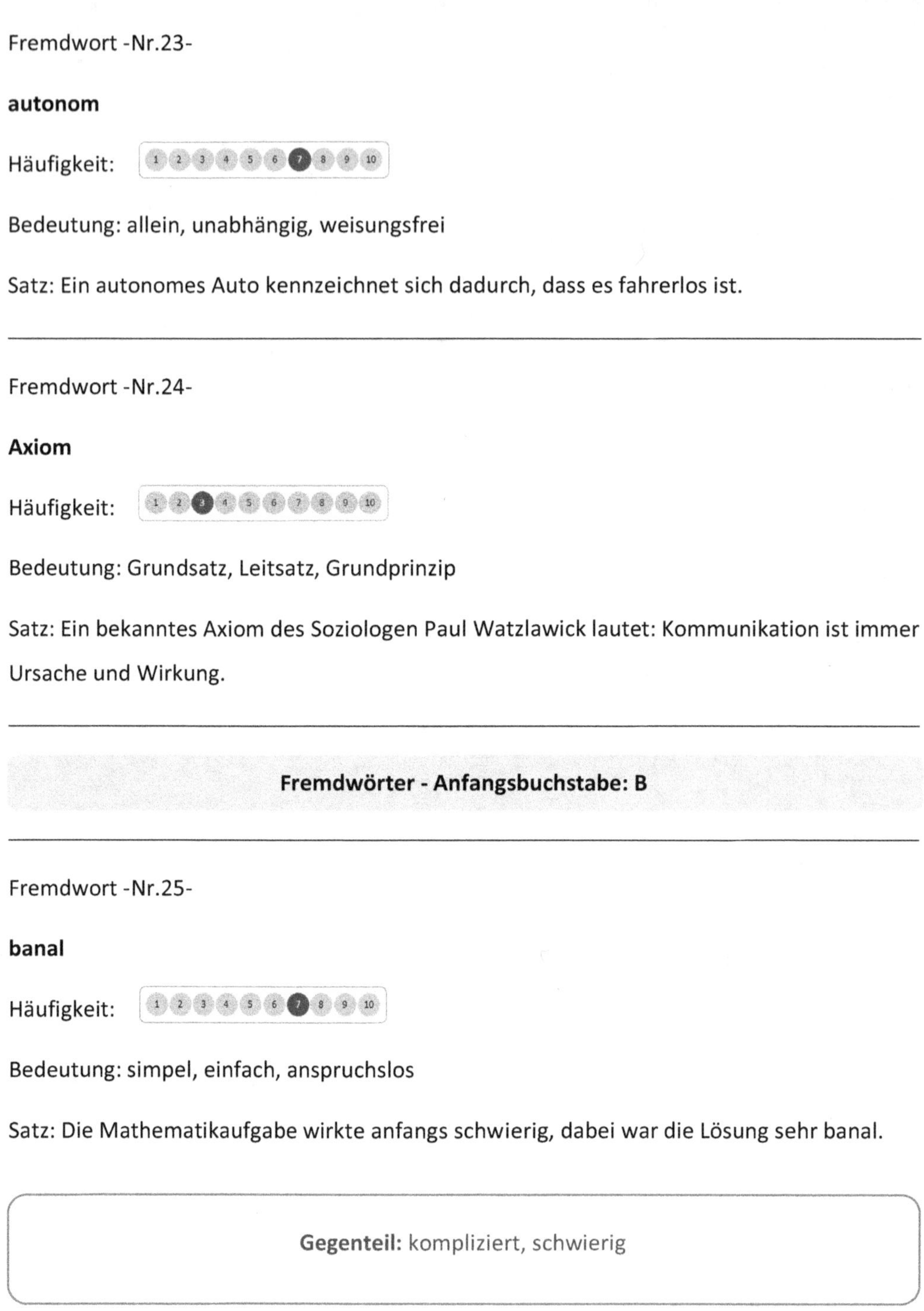

Bedeutung: allein, unabhängig, weisungsfrei

Satz: Ein autonomes Auto kennzeichnet sich dadurch, dass es fahrerlos ist.

Fremdwort -Nr.24-

Axiom

Häufigkeit:

Bedeutung: Grundsatz, Leitsatz, Grundprinzip

Satz: Ein bekanntes Axiom des Soziologen Paul Watzlawick lautet: Kommunikation ist immer Ursache und Wirkung.

Fremdwörter - Anfangsbuchstabe: B

Fremdwort -Nr.25-

banal

Häufigkeit:

Bedeutung: simpel, einfach, anspruchslos

Satz: Die Mathematikaufgabe wirkte anfangs schwierig, dabei war die Lösung sehr banal.

> **Gegenteil:** kompliziert, schwierig

Fremdwort -Nr.26-

bilateral

Häufigkeit: 

Bedeutung: zweiseitig, wechselseitig

Satz: Die beiden Abteilungsleiter müssen sich bilateral abstimmen.

Fremdwort -Nr.27-

bizarr

Häufigkeit: 

Bedeutung: sonderbar, skurril, wunderlich

Satz: Vor uns erhob sich plötzlich eine bizarre Felsenformation.

Gegenteil: normal, typisch, unauffällig

Fremdwort -Nr.28-

Blasphemie

Häufigkeit: 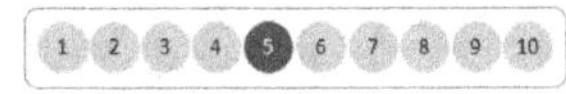

Bedeutung: Gotteslästerung, Schmähung von etwas Göttlichem/ Heiligem

Satz: Wer im Mittelalter der Blasphemie angeklagt wurde, den erwartete nicht selten die Todesstrafe.

Fremdwort -Nr.29-

Budget

Häufigkeit: 

Bedeutung: zur Verfügung stehende Geldmenge

Satz: Die Geschäftsleitung verkündete das Budget für das folgende Jahr.

Fremdwörter - Anfangsbuchstabe: C

Fremdwort -Nr.30-

Charisma

Häufigkeit: 

Bedeutung: Aura, Ausstrahlung, Wirkung

Satz: Das Charisma der Führungsperson löste Euphorie bei seinen Mitarbeitern aus.

Fremdwort -Nr.31-

chronologisch

Häufigkeit:

Bedeutung: fortlaufend, aufeinanderfolgend, in zeitlicher Reihenfolge geordnet

Satz: Die Geschichte wurde chronologisch nacherzählt.

Fremdwort -Nr.32-

chiffrieren

Häufigkeit: 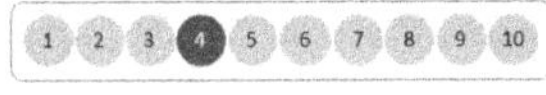

Bedeutung: codieren, verschlüsseln

Satz: Die chiffrierten Texte konnten nur gelesen werden, da das Prinzip der Verschlüsselung bekannt war.

Gegenteil: dechiffrieren, entschlüsseln

Fremdwort -Nr.33-

Courage

Häufigkeit: 

Bedeutung: Tapferkeit, Mut

Satz: Bei der Gründung eines Unternehmens bedarf es gehörig an Courage.

Fremdwort -Nr.34-

d'accord

Häufigkeit: 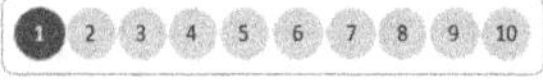

Bedeutung: einverstanden, gleicher Meinung, einig

Satz: Herr Schneider ist vollkommen d'accord mit ihrer Aussage.

Tipp: Das „d" am Ende wird nicht gesprochen.

Fremdwort -Nr.35-

de facto

Häufigkeit: 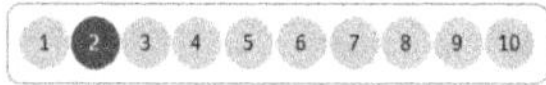

Bedeutung: tatsächlich, den Tatsachen entsprechend, in der Praxis

Satz: Die letzten Tage wurden de facto nicht vom Geschäftsführer, sondern von seiner Vertretung gesteuert.

Fremdwort -Nr.36-

deduktiv

Häufigkeit: 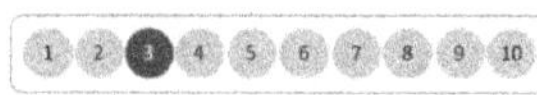

Bedeutung: ableitend

Satz: Die Aussage wurde deduktiv gewonnen.

Fremdwort -Nr.37-

definieren

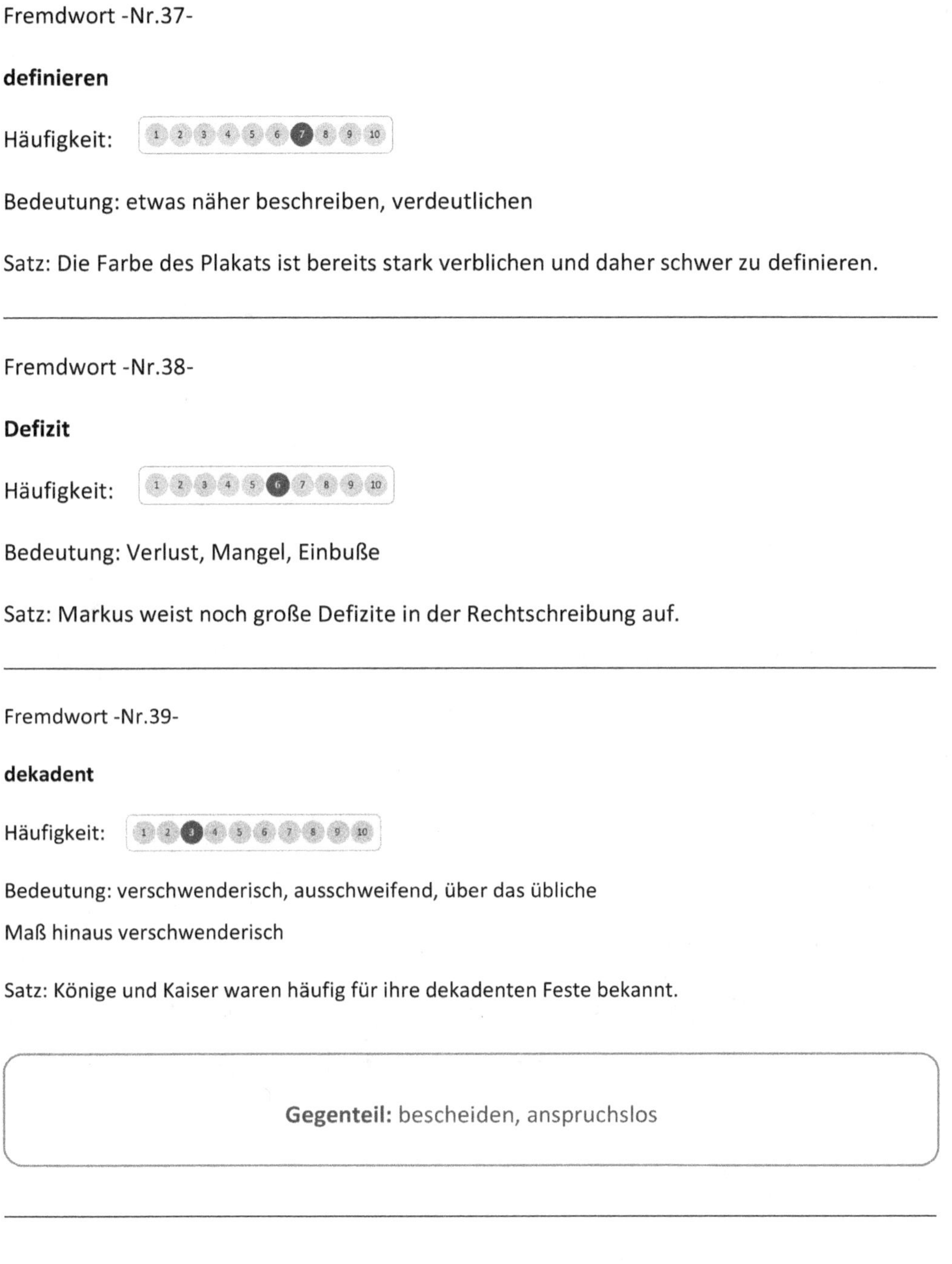

Häufigkeit:

Bedeutung: etwas näher beschreiben, verdeutlichen

Satz: Die Farbe des Plakats ist bereits stark verblichen und daher schwer zu definieren.

Fremdwort -Nr.38-

Defizit

Häufigkeit:

Bedeutung: Verlust, Mangel, Einbuße

Satz: Markus weist noch große Defizite in der Rechtschreibung auf.

Fremdwort -Nr.39-

dekadent

Häufigkeit:

Bedeutung: verschwenderisch, ausschweifend, über das übliche
Maß hinaus verschwenderisch

Satz: Könige und Kaiser waren häufig für ihre dekadenten Feste bekannt.

> **Gegenteil:** bescheiden, anspruchslos

Fremdwort -Nr.40-

delegieren

Häufigkeit: 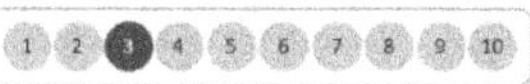

Bedeutung: weiterleiten, überreichen, teilen

Satz: Die Führungskraft delegierte Aufgaben an seine Mitarbeiter.

Fremdwort -Nr.41-

derivativ

Häufigkeit: 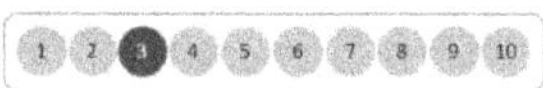

Bedeutung: (aus anderen Zuständen) abgeleitet

Satz: Am Finanzmarkt sind Rohstoffpreise stets derivativ, da sie an Preisentwicklungen gekoppelt und damit nicht unabhängig sind.

Fremdwort -Nr.42-

designieren

Häufigkeit:

Bedeutung: bestimmen, bezeichnen, voraus ernennen

Satz: Noch vor der offiziellen Amtsübergabe wurde er zum Senator designiert.

Fremdwort -Nr.43-

desillusioniert

Häufigkeit:

Bedeutung: der Illusion beraubt, enttäuscht

Satz: Nach zwei abgebrochenen Studiengängen war sie vollkommen desillusioniert und strebte fortan keine akademische Ausbildung mehr an.

---

deskriptiv

Häufigkeit: 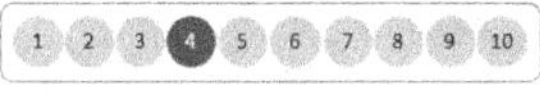

Bedeutung: beschreibend, darstellend

Satz: Die deskriptive Statistik versucht empirische Daten in Form von Tabellen, Grafiken und Kennzahlen zu ordnen und darzustellen.

Fremdwort -Nr.45-

despektierlich

Häufigkeit: 

Bedeutung: respektlos, verächtlich (mit einem gewissen Grad an Missachtung)

Satz: Die Gäste äußerten sich äußerst despektierlich über das Aussehen des Kellners.

> **Gegenteil:** respektvoll, anständig

Fremdwort -Nr.46-

destruktiv

Häufigkeit: 

Bedeutung: zerstörend, abbauend, zersetzend

Satz: Destruktive Kritik hat nicht selten das Ziel die betroffene Person zu attackieren und kann in Selbstzweifeln resultieren.

Fremdwort -Nr.47-

determinieren

Häufigkeit: 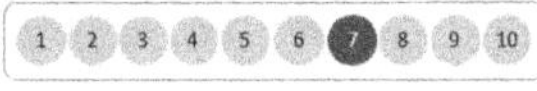

Bedeutung: festlegen, bestimmen, definieren

Satz: Durch Gebräuche und Traditionen ist das Verhalten der Gesellschaft teilweise determiniert.

Fremdwort -Nr.48-

dezent

Häufigkeit: 

Bedeutung: zurückhaltend, unscheinbar

Satz: Während der Anwalt sprach hielt sich der Angeklagte dezent im Hintergrund.

> **Gegenteil:** auffällig, aufdringlich, eklatant

Fremdwort -Nr.49-

diabolisch

Häufigkeit:

Bedeutung: teuflisch

Satz: Der Mord wies eine Grausamkeit von diabolischem Ausmaß auf.

Fremdwort -Nr.50-

differenzieren

Häufigkeit: 

Bedeutung: unterscheiden, auseinanderhalten, voneinander abgrenzen

Satz: Vor allem zwischen Neonazis und Skinheads muss klar differenziert werden, da nicht jeder Skinhead gleich Neonazi ist.

Fremdwort -Nr.51-

diffizil

Häufigkeit: 

Bedeutung: heikel, schwierig, kompliziert

Satz: Die Angelegenheit ist sehr diffizil und bedarf äußerster Konzentration und Aufmerksamkeit.

Fremdwort -Nr.52-

diffus

Häufigkeit: 

Bedeutung: verschwommen, unklar, undurchsichtig

Satz: Seine Erinnerung an den gestrigen Abend war völlig diffus.

Fremdwort -Nr.53-

Dilemma

Häufigkeit: 

Bedeutung: Zwickmühle, Notlage, Situation mit mehreren Wahlmöglichkeiten, die alle zu unerwünschten/ suboptimalen Ergebnissen führen

Satz: (Beispiel) Torsten hat seiner Freundin versprochen, sie bei der Vorbereitung auf eine Klausur zu unterstützen. Viel lieber würde er aber das Fußballspiel mit seinen Kumpels in der Kneipe gucken. Entscheidet er sich sein Versprechen zu halten, muss er sein persönliches Vorhaben hintenanstellen. Schaut er mit seinen Freunden das Fußballspiel, weiß er, dass er den ganzen Abend ein schlechtes Gewissen haben wird und den Abend ohnehin nicht genießen kann. Somit befindet sich Torsten in einem Dilemma, da keine Entscheidung optimal für ihn ausfallen wird.

Fremdwort -Nr.54-

Diskrepanz

Häufigkeit: 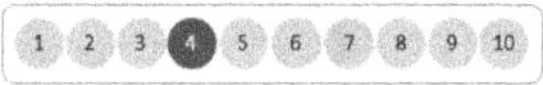

Bedeutung: Abweichung, Uneinigkeit, Zwiespalt

Satz: Vielen Menschen werden in ihrem Leben die Diskrepanz zwischen ihren Wünschen und der Wirklichkeit aufgezeigt.

Gegenteil: Einigkeit, Übereinstimmung

Fremdwort -Nr.55-

diskret

Häufigkeit: 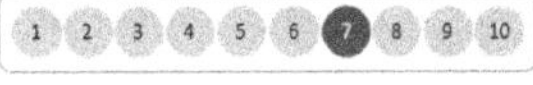

Bedeutung: vertraulich, verschwiegen, geheim haltend

Satz: Der Senator bat den Abgeordneten äußerst diskret mit den Informationen umzugehen.

Fremdwort -Nr.56-

Dissonanz

Häufigkeit: 

Bedeutung: Uneinigkeit, Unstimmigkeit, Meinungsverschiedenheit

Satz: Die Dissonanzen innerhalb des Teams waren unübersehbar.

Fremdwort -Nr.57-

divers

Häufigkeit: 

Bedeutung: (mehrere) verschiedene, unterschiedliche

Satz: Zur Lösung des Problems sind diverse Herangehensweisen möglich.

Fremdwort -Nr.58-

Diversifikation

Häufigkeit: 

Bedeutung: Veränderung, Vielfalt; Bestandteil der Unternehmenspolitik (neue Produkte in einen neuen Markt einführen)

Satz: Das Unternehmen entschloss sich ihr Portfolio zu erweitern und implementierte eine Diversifikation im amerikanischen Markt mit einem neuen, innovativen Produkt.

Fremdwort -Nr.59-

Diversität

Häufigkeit: 

Bedeutung: Vielfalt

Satz: Unternehmen fordern häufig kulturelle Diversität, um durch viele unterschiedliche Erfahrungen und Meinungen die interne Ideenvielfalt zu steigern.

Fremdwort -Nr.60-

dogmatisch

Häufigkeit: 

Bedeutung: stur bei einer Meinung bleibend, unreflektiert, unkritisch

Satz: Arthur ist dogmatisch, da er keine Zweifel an seinen Ansichten und Meinungen hegt.

> **Gegenteil:** offen, lernfähig, reflektiert

Fremdwort -Nr.61-

düpieren

Häufigkeit:

Bedeutung: jemanden zum Narren halten, täuschen, überlisten

Satz: Die Polizisten fühlten sich düpiert, als der Dieb floh, nachdem sie ihm den Rücken zugewandt hatten.

Fremdwort -Nr.62-

duplizieren

Häufigkeit: 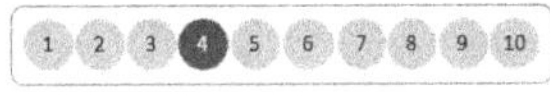

Bedeutung: verdoppeln, ein Duplikat erstellen, kopieren

Satz: DVDs dürfen in der Regel nicht dupliziert werden.

Fremdwort -Nr.63-

Dysfunktion

Häufigkeit: 

Bedeutung: mangelnde Funktion, Fehlfunktion

Satz: Durch die schlechte Versorgung litten seine Organe an einer Dysfunktion.

Fremdwörter - Anfangsbuchstabe: E

Fremdwort -Nr.64-

echauffieren

Häufigkeit: 

Bedeutung: aufregen, empören

Satz: Die Preiserhöhung empfand sie als Unverschämtheit, weshalb sie äußerst echauffiert war.

Fremdwort -Nr.65-

effizient

Häufigkeit:

Bedeutung: wirkungsvoll, leistungsfähig, wirtschaftlich

Satz: Durch seine effiziente Herangehensweise erzielte er das erhoffte Ergebnis schneller als geplant.

Fremdwort -Nr.66-

egozentrisch

Häufigkeit:
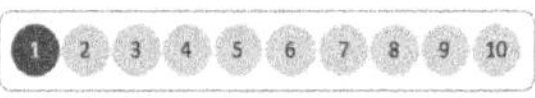

Bedeutung: sich selbst im Mittelpunkt sehend, nur an sich selbst denkend, selbstbezogen

Satz: Durch die egozentrische Art seines Großvaters besuchte er ihn nur selten.

Fremdwort -Nr.67-

eidetisch

Häufigkeit:
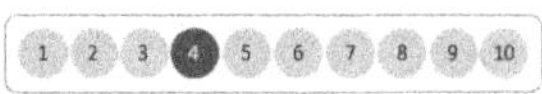

Bedeutung: bildhaft, sinnbildlich

Satz: Menschen mit einem eidetischen Gedächtnis können sich visuelle Informationen und Eindrücke über einen sehr langen Zeitraum einprägen und detailliert wiedergeben.

Fremdwort -Nr.68-

eklatant

Häufigkeit:

Bedeutung: offensichtlich, aufsehenerregend, ins Auge springend

Satz: Durch das glitzernde Kleid war ihr Auftritt auf dem Abendball sehr eklatant.

Fremdwort -Nr.69-

elitär

Häufigkeit: 

Bedeutung: einer Elite angehörend, auserwählt

Satz: Personen, die einer Elite angehören werden als elitär bezeichnet.

Fremdwort -Nr.70-

Eloquenz

Häufigkeit: 

Bedeutung: Wortgewandtheit, Fähigkeit sich überzeugend auszudrücken

Satz: Durch seine Eloquenz konnte der Verkäufer sehr schnell im Unternehmen aufsteigen.

Fremdwort -Nr.71-

Emanzipation

Häufigkeit: 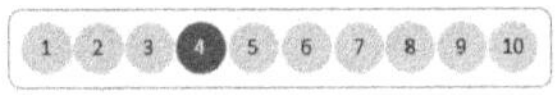

Bedeutung: Autonomie, Selbstbestimmung, gesellschaftliche Gleichstellung

Satz: Im Vergleich zum Mittelalter hat sich die Emanzipation der Frauen sehr stark verbessert.

Fremdwort -Nr.72-

Emission

Häufigkeit: 

Bedeutung: Ausstoß von diversen Umweltbelastungen wie Lärm, Abgasen und Schadstoffen

Satz: Das Unternehmen wurde für ihre hohen Emissionen bestraft.

Fremdwort -Nr.73-

empathisch

Häufigkeit: 

Bedeutung: einfühlend, mitfühlend

Satz: Durch die empathische Art der Psychiaterin konnte sie seine Ängste unmittelbar verstehen.

Fremdwort -Nr.74-

Enthusiasmus

Häufigkeit: 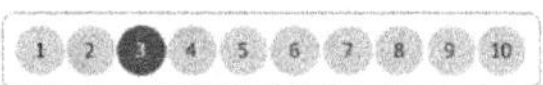

Bedeutung: Begeisterung

Satz: Für sein Medizinstudium brachte Marvin von Beginn an viel Enthusiasmus mit.

Fremdwort -Nr.75-

Entrepreneur

Häufigkeit:

Bedeutung: Unternehmer/-in

Satz: Als Entrepreneur wurde Erwin zu seinem eigenen Chef und konnte selbstständig Mitarbeiter einstellen.

Fremdwort -Nr.76-

Epidemie

Häufigkeit: 

Bedeutung: (örtlich begrenzte) Seuche, ansteckende Krankheit, die massenhaft innerhalb einer Population auftritt

Satz: Viele Zombiefilme basieren auf Epidemien, die sich rasend schnell in der Bevölkerung verbreiten.

Fremdwort -Nr.77-

eruieren

Häufigkeit: 

Bedeutung: ermitteln, herausfinden, ausfindig machen

Satz: Durch ihre Recherche eruierte die Polizistin, dass das Alibi des Angeklagten fehlerhaft war.

Fremdwort -Nr.78-

etablieren

Häufigkeit: 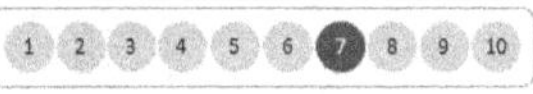

Bedeutung: sich integrieren, Fuß fassen, sich einfügen

Satz: Nach seinem langjährigen Koma hat er sich mittlerweile bereits wieder fest in der Gesellschaft etabliert.

Fremdwort -Nr.79-

Etablissement

Häufigkeit: 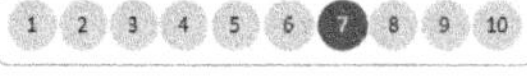

Bedeutung: Geschäft, Betrieb, Niederlassung

Satz: Das Etablissement ist dafür bekannt, dass dort oftmals Diebstähle begangen werden.

Fremdwort -Nr.80-

ethisch

Häufigkeit: 

Bedeutung: tugendhaft, moralisch, sittlich, sich gemäß der Ethik
verhalten

Satz: Für viele Christen ist die Bibel ein ethischer Wegweiser.

> **Gegenteil:** unmoralisch, unethisch

Fremdwort -Nr.81-

Euphemismus

Häufigkeit:

Bedeutung: Beschönigung, Abschwächung

Satz: (Beispiel) Das Wort „Einschläfern" wird häufig genutzt um Kindern zu erklären, was mit ihrem Haustier geschieht. Da es das vorsätzliche Vergiften des Tieres verschleiert, wird das Wort als Euphemismus verwendet.

Fremdwort -Nr.82-

evaluieren

Häufigkeit: 

Bedeutung: bewerten, einschätzen, beurteilen

Satz: David bat den zuständigen Professor seinen Vortrag zu evaluieren.

Fremdwort -Nr.83-

evident

Häufigkeit: 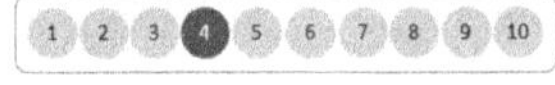

Bedeutung: klar ersichtlich, offensichtlich, auf der Hand liegend

Satz: Die Beweislage des Falls war evident und konnte ohne jeglichen Zweifel hingenommen werden.

Fremdwort -Nr.84-

exorbitant

Häufigkeit: 

Bedeutung: enorm, gewaltig

Satz: Die Hitze war exorbitant, sodass der Schiedsrichter Trinkpausen während des Spiels genehmigte.

Fremdwort -Nr.85-

extrahieren

Häufigkeit: 

Bedeutung: abspalten, herausziehen

Satz: Für die Medizin werden häufig Gifte aus Pflanzen extrahiert.

Fremdwort -Nr.86-

extrinsisch

Häufigkeit: 

Bedeutung: von außen her, nicht aus eigenem Antrieb heraus

Satz: Selma war extrinsisch motiviert ihr Zimmer aufzuräumen, da ihre Mutter drohte ihr das Taschengeld zu streichen.

Fremdwort -Nr.87-

exzentrisch

Häufigkeit: 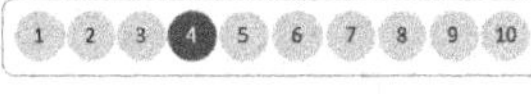

Bedeutung: vom Üblichen abweichend, ungewöhnlich, unangepasst

Satz: Durch seine exzentrische Persönlichkeit hatte er nur sehr wenige Freunde, da er nicht gerade als umgänglich galt.

Fremdwörter - Anfangsbuchstabe: F

Fremdwort -Nr.88-

falsifizieren

Häufigkeit: 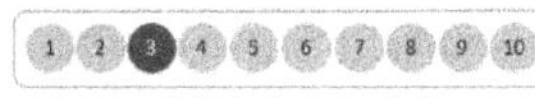

Bedeutung: etwas widerlegen

Satz: Durch die Beobachtung eines schwarzen Schwanes konnte die Hypothese, dass alle Schwäne weiß sind, falsifiziert werden.

Fremdwort -Nr.89-

Faschismus

Häufigkeit: 

Bedeutung: Herrschaftsform geprägt von antidemokratischen, nationalsozialistischen, antisozialistischen und rechtsradikalen Prinzipien

Satz: Das Herrschaftssystem Italiens in den Jahren 1922-1945 ist als Faschismus zu bezeichnen.

Fremdwort -Nr.90-

fatal

Häufigkeit: 

Bedeutung: verhängnisvoll, unangenehm, peinlich

Satz: Der Unfall war äußerst fatal, da er auf einer Banane ausrutschte und sich beide Arme brach.

Fremdwort -Nr.91-

fiktiv

Häufigkeit: 

Bedeutung: erfunden, unwirklich, irreal

Satz: Der Roman basiert auf einer fiktiven Geschichte und handelt von Monstern und Geistern in einer anderen Welt.

Fremdwort -Nr.92-

filigran

Häufigkeit: [1 2 3 4 **5** 6 7 8 9 10]

Bedeutung: feingliedrig, fragil, sehr fein

Satz: Das Schmuckstück ist sehr detailliert und filigran ausgearbeitet, was auf einen erfahrenen Goldschmied schließen lässt.

Fremdwort -Nr.93-

flanieren

Häufigkeit: [1 2 3 **4** 5 6 7 8 9 10]

Bedeutung: umherschlendern, spazieren gehen, bummeln (ohne wesentliches Ziel)

Satz: Die drei Großmütterchen flanierten entspannt durch die Einkaufsstraße und schauten sich die Altstadt an.

Fremdwort -Nr.94-

Fluktuation

Häufigkeit: [1 2 3 **4** 5 6 7 8 9 10]

Bedeutung: Schwankung, unregelmäßige Veränderung

Satz: Durch die geringe Wertschätzung der Angestellten erfuhr das Unternehmen eine hohe Fluktuation.

> **Gegenteil:** Unveränderlichkeit, Konstanz

Fremdwort -Nr.95-

fragil

Häufigkeit: 

Bedeutung: zerbrechlich, brüchig, anfällig

Satz: Pakete mit der Aufschrift „fragil" sollten mit äußerster Vorsicht behandelt werden.

Fremdwort -Nr.96-

frappierend

Häufigkeit: 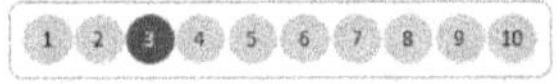

Bedeutung: erstaunlich, verblüffend

Satz: Durch das Eintreffen der Polizei kam es zu einem frappierenden Abschluss der Geburtstagsfeier.

Fremdwort -Nr.97-

fraternisieren

Häufigkeit:

Bedeutung: Freundschaft schließen, mit jemandem vertraut werden, eine Brüderschaft mit jemandem schließen

Satz: Der Heerführer befahl den Soldaten sich nicht mit der Bevölkerung zu fraternisieren.

Fremdwort -Nr.98-

frenetisch

Häufigkeit: 

Bedeutung: ungebändigt, rasend, mit größter Begeisterung

Satz: Wegen der frenetischen Anhänger musste der Senator unverzüglich in Sicherheit gebracht werden.

Fremdwort -Nr.99-

fundamental

Häufigkeit: 

Bedeutung: grundlegend, ausschlaggebend

Satz: In den meisten Beziehungen sind Wahrheit und Vertrauen fundamental.

Fremdwort -Nr.100-

fundiert

Häufigkeit:

Bedeutung: unanfechtbar, untermauert, zuverlässig, begründet, ausgereift

Satz: Durch Herberts langjährige Tätigkeit als Farmer ist sein Wissen über den winterfesten Anbau von Gemüse überaus fundiert.

Fremdwort -Nr.101-

fungieren

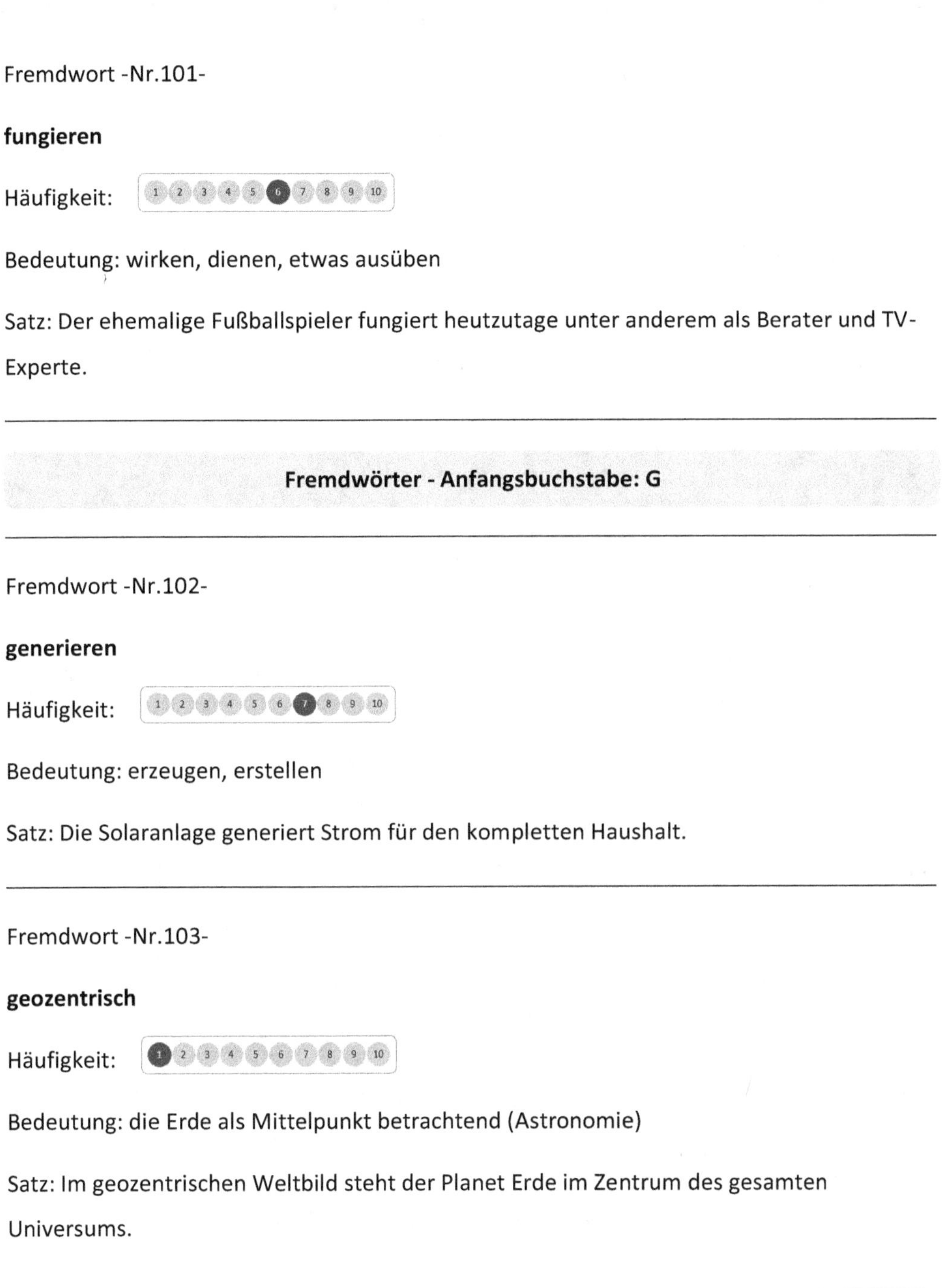

Häufigkeit: 1 2 3 4 5 **6** 7 8 9 10

Bedeutung: wirken, dienen, etwas ausüben

Satz: Der ehemalige Fußballspieler fungiert heutzutage unter anderem als Berater und TV-Experte.

Fremdwörter - Anfangsbuchstabe: G

Fremdwort -Nr.102-

generieren

Häufigkeit: 1 2 3 4 5 6 **7** 8 9 10

Bedeutung: erzeugen, erstellen

Satz: Die Solaranlage generiert Strom für den kompletten Haushalt.

Fremdwort -Nr.103-

geozentrisch

Häufigkeit: **1** 2 3 4 5 6 7 8 9 10

Bedeutung: die Erde als Mittelpunkt betrachtend (Astronomie)

Satz: Im geozentrischen Weltbild steht der Planet Erde im Zentrum des gesamten Universums.

> **Herkunft:** „geo" kommt aus dem Griechischen und bedeutet „Erde".

Fremdwort -Nr.104-

Gestik

Häufigkeit: 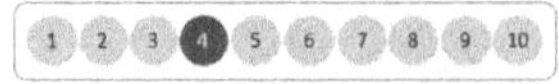

Bedeutung: Gesamtheit der Bewegungen/ Gesten, Körpersprache, Ausdrucksweise, (vor allem Bewegungen der Hände, Arme und des Kopfes)

Satz: Seiner Gestik zu urteilen war er sehr aufgebracht über die Leistung des Schiedsrichters.

Fremdwörter - Anfangsbuchstabe: H

Fremdwort -Nr.105-

habituell

Häufigkeit: 

Bedeutung: gewohnheitsmäßig

Satz: Die habituelle Stressverarbeitung wird in der Psychologie und Psychotherapie untersucht.

Fremdwort -Nr.106-

heroisch

Häufigkeit: 

Bedeutung: heldenhaft, erhaben

Satz: Durch seine heroische Art handelte er entschlossen und sprang kurzerhand vor den fahrenden Bus, um die verletzte Katze zu retten.

Tipp: Das englische Wort „hero" bedeutet „Held".

Fremdwort -Nr.107-

heterogen

Häufigkeit: 1 2 3 **4** 5 6 7 8 9 10

Bedeutung: uneinheitlich, gemischt, verschiedenartig

Satz: Der Wald besteht aus heterogenen Baumarten, da er sowohl Fichten, als auch Lärchen und Birken enthält.

Fremdwort -Nr.108-

Heuristik

Häufigkeit: 1 2 **3** 4 5 6 7 8 9 10

Bedeutung: Wissenschaft und Lehre von Verfahren, um neue Erkenntnisse zu gewinnen (bei meist begrenzten Ressourcen), wissenschaftliches Vorgehen

Satz: Heuristische Verfahren bieten meist näherungsweise Lösungen, statt perfekte/ optimale Lösungen und sind daher besonders bei komplexen Entscheidungen hilfreich, um eine (erste) Lösung zu finden.

Fremdwort -Nr.109-

homogen

Häufigkeit: 1 2 3 **4** 5 6 7 8 9 10

Bedeutung: einheitlich

Satz: Der Wald ist homogen, da er ausschließlich aus Fichten besteht.

Gegenteil: heterogen, uneinheitlich

Fremdwort -Nr.110-

Homonym

Häufigkeit: 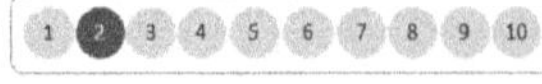

Bedeutung: ein Wort mit verschiedenen Bedeutungen

Satz: (Beispiel) Das Wort „Bank" gilt als Homonym, da es zweierlei Bedeutungen hat. Einerseits ist eine Bank eine Sitzmöglichkeit, die häufig in Parks vorzufinden ist, andererseits beschreibt eine Bank ein Kreditinstitut, wie etwa die Deutsche Bank.

Fremdwort -Nr.111-

honorieren

Häufigkeit: 

Bedeutung: achten, Anerkennung zollen, auszeichnen, belohnen

Satz: Ihre exzellente Leistung im letzten Quartal wurde mit einer Beförderung honoriert.

Fremdwort -Nr.112-

Hypothese

Häufigkeit: 

Bedeutung: Behauptung, Annahme (ohne Beleg)

Satz: Der Staatsanwalt formulierte die Hypothese, der Angeklagte habe sich in der Tatnacht im besagten Casino befunden.

Fremdwort -Nr.113-

Hysterie

Häufigkeit: 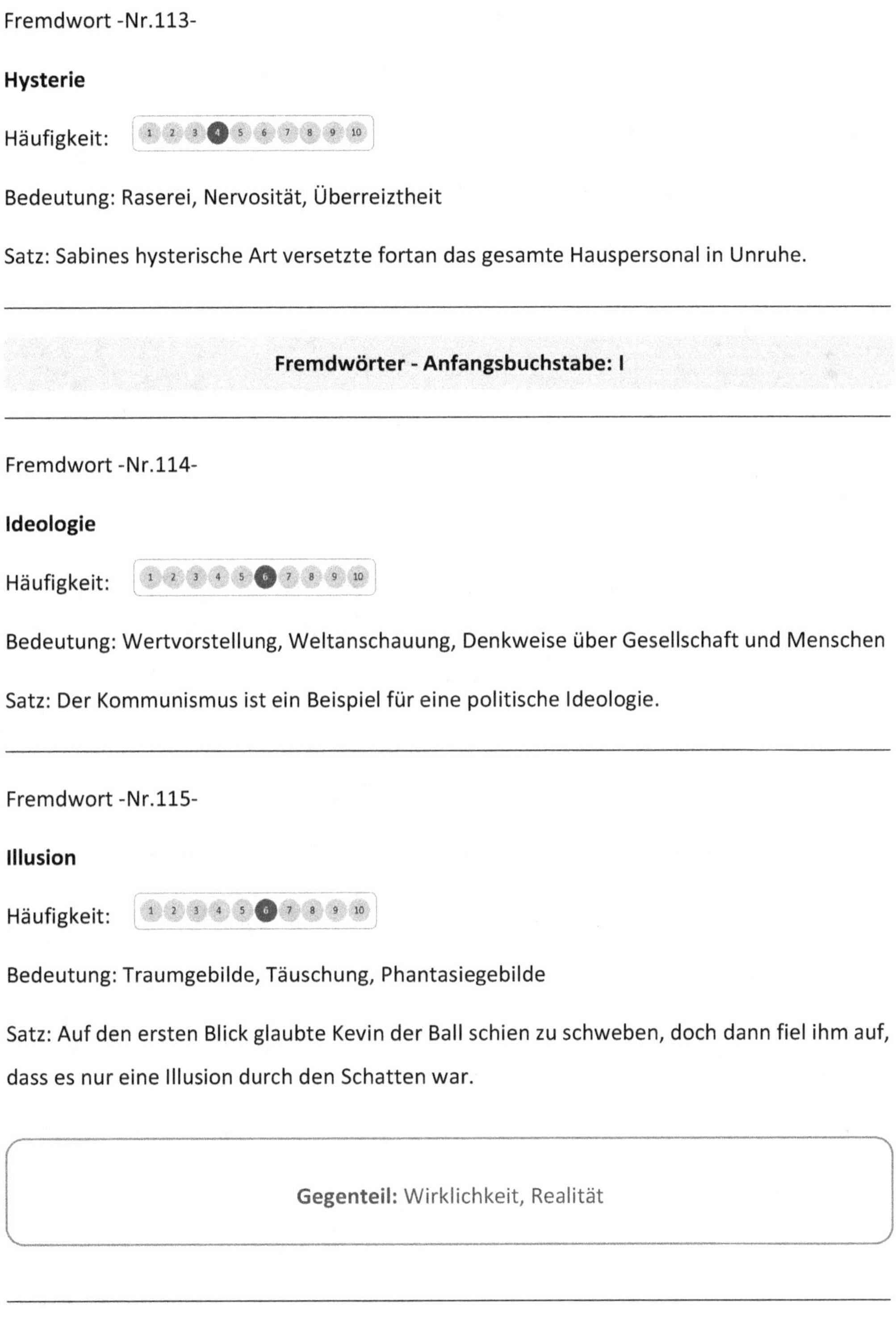

Bedeutung: Raserei, Nervosität, Überreiztheit

Satz: Sabines hysterische Art versetzte fortan das gesamte Hauspersonal in Unruhe.

Fremdwörter - Anfangsbuchstabe: I

Fremdwort -Nr.114-

Ideologie

Häufigkeit:

Bedeutung: Wertvorstellung, Weltanschauung, Denkweise über Gesellschaft und Menschen

Satz: Der Kommunismus ist ein Beispiel für eine politische Ideologie.

Fremdwort -Nr.115-

Illusion

Häufigkeit:

Bedeutung: Traumgebilde, Täuschung, Phantasiegebilde

Satz: Auf den ersten Blick glaubte Kevin der Ball schien zu schweben, doch dann fiel ihm auf, dass es nur eine Illusion durch den Schatten war.

Gegenteil: Wirklichkeit, Realität

Fremdwort -Nr.116-

illustrieren

Häufigkeit: 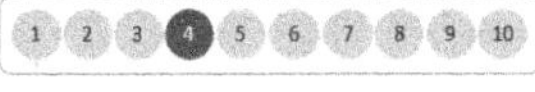

Bedeutung: etwas durch Bilder schmücken, erläutern, veranschaulichen

Satz: Durch Grafiken und Abbildungen illustrierte der Dozent seinen Vortrag.

Fremdwort -Nr.117-

imaginär

Häufigkeit: 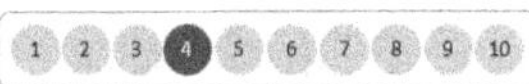

Bedeutung: erfunden, fiktiv, eingebildet

Satz: Ulli hatte den Eindruck, dass der Freund aus den Erzählungen seines Enkels, nicht real, sondern imaginär war.

Gegenteil: echt, real, wirklich

Fremdwort -Nr.118-

imitieren

Häufigkeit:

Bedeutung: nachahmen, kopieren, nachmachen

Satz: Max imitierte die Kleidung seines Lieblingsschauspielers und kaufte sich die gleiche Jacke, dieselben Schuhe und den identischen Hut.

Fremdwort -Nr.119-

immanent

Häufigkeit: 

Bedeutung: vorstellbar, begreifbar, in etwas enthalten, innewohnend

Satz: Ein mathematischer Raum, der drei Dimensionen aufweist, ist immanent.

Fremdwort -Nr.120-

implementieren

Häufigkeit: 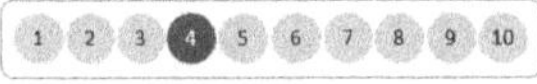

Bedeutung: ausführen, umsetzen

Satz: Das Unternehmen plant den neuen Prozess in der folgenden Woche intern zu implementieren.

Fremdwort -Nr.121-

implizieren

Häufigkeit:

Bedeutung: in einer Aussage beinhalten, einschließen

Satz: Martins Kommentar, „Das Tor von Thomas Müller war zwar sensationell, aber sonst war seine Leistung ziemlich schwach.", impliziert, dass er das gestrige Fußballspiel von Bayern München gesehen hat.

Fremdwort -Nr.122-

Indifferenz

Häufigkeit: 

Bedeutung: Gleichgültigkeit, Teilnahmslosigkeit, Geisteshaltung, die Dinge hinnimmt ohne sie zu werten oder zu beurteilen

Satz: Die Haltung Sebastians zu den Problemen seiner Schwester war von Indifferenz geprägt.

Fremdwort -Nr.123-

Indikator

Häufigkeit: 

Bedeutung: Merkmal, Mittel

Satz: Die Arbeitslosenzahl ist ein ausschlaggebender Indikator für den wirtschaftlichen Zustand einer Nation.

Fremdwort -Nr.124-

infantil

Häufigkeit: 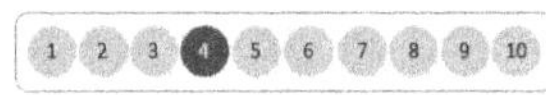

Bedeutung: kindisch, das Kind betreffend, unreif

Satz: Durch sein infantiles Verhalten wurde er von seinen Kollegen nicht ernst genommen.

Fremdwort -Nr.125-

Influencer

Häufigkeit: 

Bedeutung: Blogger und User sozialer Medien (z.B. Facebook, Instagram), die als themenkompetent und vertrauenswürdig gelten, meist eine große Zahl an Abonnenten haben und dadurch die Community in ihrer Kaufentscheidung beeinflussen können

Satz: Durch die Kooperation von Adidas mit zahlreichen Influencern, erreichten die neuen Sportschuhe sehr schnell eine breite Masse.

Fremdwort -Nr.126-

initiieren

Häufigkeit: 

Bedeutung: anstoßen, anleiern, in die Wege leiten

Satz: Um ihrer krebskranken Großmutter zu helfen initiierte Carla eine Spendenaktion.

Fremdwort -Nr.127-

inkludieren

Häufigkeit: 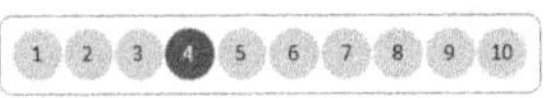

Bedeutung: eingliedern, einfügen, integrieren, einbauen, aufnehmen

Satz: Heiz- und Stromkosten sind bereits im Wohnungspreis inkludiert.

Fremdwort -Nr.128-

innovativ

Häufigkeit: 

Bedeutung: verbessernd, neuartig, erneuernd

Satz: Die innovative Technologie ermöglicht bahnbrechende Fortschritte in der Baubranche.

Fremdwort -Nr.129-

instruieren

Häufigkeit: 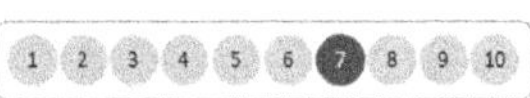

Bedeutung: jemandem Anweisungen geben, anleiten

Satz: Das Flughafenpersonal wurde instruiert gründlichere Personenkontrollen durchzuführen.

Fremdwort -Nr.130-

integer

Häufigkeit:

Bedeutung: rechtschaffen, moralisch sauber, unbescholten

Satz: Er wirkt äußerst vertrauenswürdig, da seine Art sehr integer ist.

Fremdwort -Nr.131-

intellektuell

Häufigkeit:

Bedeutung: den Intellekt/ Geist/ Verstand betreffend

Satz: Intellektuell war ihm das Buch zu anspruchslos, daher legte er es beiseite und las einen wissenschaftlichen Fachbericht.

Fremdwort -Nr.132-

Interaktion

Häufigkeit: 

Bedeutung: Wechselwirkung, Wechselbeziehung, aufeinander bezogenes Handeln von zwei oder mehreren Menschen/ Systemen

Satz: Durch die Interaktion zwischen den Vorgesetzten und den Mitarbeitern konnte eine bessere Kommunikation sichergestellt werden.

Fremdwort -Nr.133-

Interdependenz

Häufigkeit: 

Bedeutung: Relation, gegenseitige Abhängigkeit

Satz: Wenn das Verhalten eines Partners abhängig vom Verhalten des anderen Partners ist, so spricht man von einer Interdependenz in einer Beziehung.

Fremdwort -Nr.134-

Intervention

Häufigkeit: 

Bedeutung: Einschreiten, Eingreifen, Eingriff

Satz: Die Völkerrechtsverletzung in Ruanda bedarf einer Intervention der UNO.

Fremdwort -Nr.135-

intrinsisch

Häufigkeit: 

Bedeutung: innewohnend, aus eigenem Antrieb heraus

Satz: Wer intrinsisch motiviert ist, leistet seine Arbeit aus persönlichen, innewohnenden Beweggründen heraus.

> **Gegenteil:** extrinsisch (nicht aus eigenem Antrieb heraus)

Fremdwort -Nr.136-

introvertiert

Häufigkeit:

Bedeutung: verschlossen

Satz: Felix ist ein introvertierter Mensch und meidet den Kontakt zu seiner Außenwelt.

Fremdwort -Nr.137-

intuitiv

Häufigkeit:

Bedeutung: auf einer Vermutung, plötzlichen Ahnung beruhend

Satz: Jochen traf intuitiv die richtige Entscheidung und stellte dem Taschendieb das Bein.

Fremdwort -Nr.138-

invalide

Häufigkeit: 

Bedeutung: psychische oder physische Behinderung, aufgrund einer Verletzung, Verwundung oder Krankheit, arbeitsunfähig

Satz: Nachdem dem Offizier ins Bein geschossen wurde, war er invalide und von da an nicht mehr dienstfähig.

Fremdwort -Nr.139-

irrelevant

Häufigkeit: 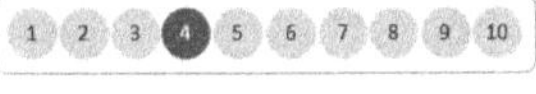

Bedeutung: bedeutungslos, unerheblich, belanglos, nicht wichtig im Zusammenhang mit der Thematik oder dem Objekt

Satz: Persönliche Präferenzen der Journalisten waren in der Berichterstattung vollkommen irrelevant, da nur gesendet wurde, was den Großteil der Bevölkerung betraf.

Fremdwort -Nr.140-

irreversibel

Häufigkeit: 

Bedeutung: nicht rückgängig zu machen, unumkehrbar

Satz: Bei dem Zugunglück wurde seine rechte Hand irreversibel geschädigt und musste amputiert werden.

Fremdwort -Nr.141-

Klischee

Häufigkeit: 

Bedeutung: Stereotyp, Vorurteil

Satz: (Beispiel) Frauen sind schlechte Autofahrer, ist ein Klischee.

Fremdwort -Nr.142-

Koalition

Häufigkeit: 

Bedeutung: Zusammenschluss/ Bündnis/ Allianz mehrerer Organisationen

Satz: Da eine Partei allein meist keine Mehrheit bilden kann, kommt es in der Politik nicht selten zu einer Koalition.

Fremdwort -Nr.143-

kognitiv

Häufigkeit: 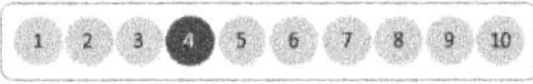

Bedeutung: Auf das Denken, Wissen, Verstehen eines Menschen bezogen, erkenntnismäßig, das Wahrnehmen betreffend

Satz: Da die Interaktionen innerhalb des Meetings sehr komplex waren, bedurfte es starker kognitiver Fähigkeiten.

Fremdwort -Nr.144-

kohärent

Häufigkeit: 

Bedeutung: verbunden, einheitlich, zusammenhängend

Satz: Seine Ausarbeitung war äußerst lückenhaft und wenig kohärent.

Fremdwort -Nr.145-

kollaborieren

Häufigkeit: 

Bedeutung: mit dem Feind/ Gegner zusammenarbeiten

Satz: Bereits kurz nach dem Einmarsch deutscher Truppen in Österreich, kollaborierte die Mehrheit der Bevölkerung mit der Besatzungsmacht.

Fremdwort -Nr.146-

kollektiv

Häufigkeit: 

Bedeutung: (mit mehreren Personen) zusammen, gemeinschaftlich, in der Gruppe

Satz: Der Trainer ordnete die Spieler an, kollektiv in Ballnähe Überzahlsituationen zu schaffen.

Fremdwort -Nr.147-

Kommilitone

Häufigkeit: 

Bedeutung: Studienkollege, Mitstudent

Satz: Paul und sein Kommilitone teilen sich in der Freiburger Altstadt ein gemeinsames Apartment.

Fremdwort -Nr.148-

kompatibel

Häufigkeit: 

Bedeutung: (zusammen-) passend, vereinbar, verträglich, tauglich, geeignet

Satz: Toms Erfordernisse an einen Arbeitsplatz und die Gegebenheiten in seinem Job sind kompatibel.

Fremdwort -Nr.149-

komplementär

Häufigkeit:

Bedeutung: etwas/ jemanden ergänzen

Satz: Eine optimale Arbeitsgruppe setzt sich aus Teammitgliedern mit komplementären Eigenschaften und Fähigkeiten zusammen.

Fremdwort -Nr.150-

kongruent

Häufigkeit: 

Bedeutung: deckungsgleich, völlig übereinstimmend

Satz: Zwei Dreiecke sind dann kongruent, wenn sie in allen Punkten übereinstimmen und folglich deckungsgleich sind.

> **Visualisierung:** Diese beiden Dreiecke sind kongruent. 

Fremdwort -Nr.151-

Konjunktiv

Häufigkeit: 

Bedeutung: Vorstellungsform, Möglichkeitsform in der Linguistik

Satz: (Beispiel) Konjunktiv I: Stefan behauptet, er habe heute Morgen 20 neue Englischvokabeln gelernt.

Konjunktiv II: Stefan behauptet, er hätte heute Morgen 20 neue Englischvokabeln gelernt. (Äußerung eines Zweifels)

Fremdwort -Nr.152-

Konjunktur

Häufigkeit: 

Bedeutung: wirtschaftliche Gesamtlage, Wirtschaftslage

Satz: Die gute Konjunktur machte sich in einem Überschuss im nationalen Staatshaushalts bemerkbar.

     ALBRECHT VAN ANDERS

Fremdwort -Nr.153-

konkludieren

Häufigkeit: 

Bedeutung: schlussfolgern, resümieren, schließen

Satz: Aus seinen Recherchen konkludierte er wer für die Tat in Frage kam.

Fremdwort -Nr.154-

Konsens

Häufigkeit: 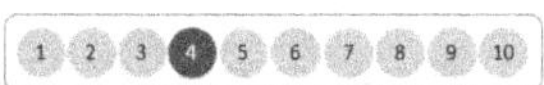

Bedeutung: Einigkeit, Übereinstimmung der Standpunkte oder Meinungen

Satz: Durch den fehlenden Konsens mit ihrem Vorgesetzten, konnte sie den Bewerber nicht einstellen.

Fremdwort -Nr.155-

konsistent

Häufigkeit:

Bedeutung: in Zusammenhang stehend, stimmig zusammenhaltend, in sich stimmig

Satz: Bis dahin waren ihre Äußerungen ohne Zweifel konsistent.

Gegenteil: widersprüchlich, inkonsistent

Fremdwort -Nr.156-

konstituieren

Häufigkeit: 

Bedeutung: bilden, gründen, ins Leben rufen

Satz: Dieser Ausschuss konstituierte sich am 12. Dezember.

> **Gegenteil:** auflösen, liquidieren

Fremdwort -Nr.157-

konstruktiv

Häufigkeit:

Bedeutung: aufbauend, hilfreich, weiterführend

Satz: Konstruktive Kritik ist in der Regel gutgemeinte Kritik, die den Kritiknehmer stärken soll, ihm die Chance auf Einsicht gibt und auf gewollte Besserung abzielt.

> **Gegenteil:** destruktiv, abbauend

Fremdwort -Nr.158-

konsultieren

Häufigkeit: 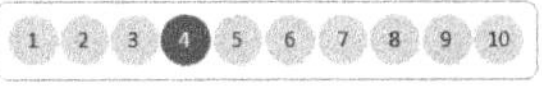

Bedeutung: beraten, zu Rate ziehen, (sich) besprechen

Satz: Da Jörg kaum Fachwissen über die Tierwelt besaß, konsultierte er einen Biologen.

Fremdwort -Nr.159-

kontaminieren

Häufigkeit: 

Bedeutung: verunreinigen, verseuchen, verderben, befallen, schädigen

Satz: Der gesamte Planet wurde mit radioaktiven Substanzen kontaminiert.

Fremdwort -Nr.160-

kontraproduktiv

Häufigkeit: 

Bedeutung: nicht zweckdienlich, schädlich für das Erreichen eines Ziels

Satz: Die vielen Autoabgase sind für den Umweltschutz sehr kontraproduktiv.

Gegenteil: zweckdienlich, produktiv

Fremdwort -Nr.161-

kontrovers

Häufigkeit:

Bedeutung: sich widersprechend, Gegensätze enthaltend

Satz: Die beiden Zeugen hatten kontroverse Aussagen gemacht.

Fremdwort -Nr.162-

konvergieren

Häufigkeit: 

Bedeutung: zusammenlaufen, einander annähern

Satz: Die Information, die durch das Auge aufgenommen wurde, konvergiert schließlich im Gehirn mit Informationen aus verschiedenen Sinnesorganen.

Fremdwort -Nr.163-

Korrelation

Häufigkeit: 

Bedeutung: wechselseitige Beziehung (zwischen zwei oder diversen Ereignissen)

Satz: Zwischen einem hohen Jahresgehalt und der persönlichen Zufriedenheit lässt sich eine Korrelation feststellen.

Fremdwort -Nr.164-

korrespondieren

Häufigkeit: 

Bedeutung: jemandem schreiben, mit jemandem in Briefwechsel stehen

Satz: Seit mehreren Jahren korrespondierte Manfred mit seinem damaligen Hausverwalter aus der DDR.

Fremdwort -Nr.165-

Koryphäe

Häufigkeit: 

Bedeutung: Experte, Fachgröße, Leuchte, Person, die herausragende Fähigkeiten in einem spezifischen (Fach-) Gebiet besitzt

Satz: Stephen Hawking war eine bedeutende Koryphäe der Astrophysik.

Fremdwort -Nr.166-

kumulieren

Häufigkeit: 

Bedeutung: summieren, ansammeln, anhäufen

Satz: Durch ihre Spielsucht wurde in den vergangenen Monaten eine beachtliche Menge an Schulden kumuliert.

Fremdwort -Nr.167-

kursieren

Häufigkeit: 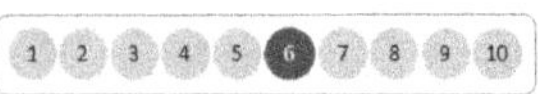

Bedeutung: sich immer weiter verbreiten

Satz: Das Gerücht kursiert in der Schule bereits seit zwei Wochen.

Fremdwort -Nr.168-

Lappalie

Häufigkeit: 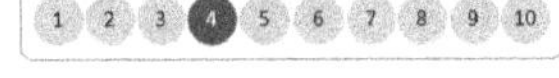

Bedeutung: Nichtigkeit, nicht bedeutende Sache, Kleinigkeit

Satz: Für Patrick war der Verlust seines Geldbeutels nur eine Lappalie, da sich keinerlei Geld darin befand.

Fremdwort -Nr.169-

latent

Häufigkeit: 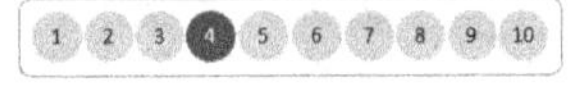

Bedeutung: verborgen, vorhanden, aber (noch) nicht erkennbar/ in Erscheinung getreten, versteckt, nicht offenkundig

Satz: Seine Depression war latent und konnte bei zu starker Überlastung jederzeit zum Ausbruch kommen.

Gegenteil: erkennbar, deutlich, offensichtlich

Fremdwort -Nr.170-

Legasthenie

Häufigkeit: 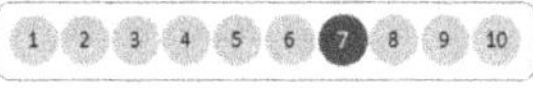

Bedeutung: Verzögerung in der Entwicklung einer Person im Schreiben und/ oder Lesen, Lese-Rechtschreibschwäche

Satz: Rudi leidet an einer Legasthenie.

Fremdwort -Nr.171-

legitim

Häufigkeit: 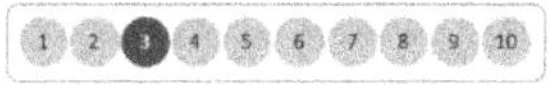

Bedeutung: berechtigt, vertretbar

Satz: Sein Zweifel am Wahrheitsgehalt ihrer Aussage ist durchaus legitim.

Fremdwort -Nr.172-

Lektor

Häufigkeit:

Bedeutung: Dozent (für die Vermittlung spezifischer Kompetenzen und Fähigkeiten zuständig)

Satz: Der Lektor war hauptsächlich für die Vermittlung russischer Sprachkenntnisse zuständig.

Fremdwort -Nr.173-

lethargisch

Häufigkeit: 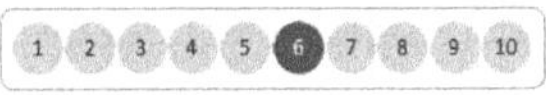

Bedeutung: behäbig, schwerfällig, träge

Satz: Seit mehreren Wochen lag Hans lethargisch auf der Couch und starrte in den Fernseher.

> **Gegenteil:** beweglich, vital

Fremdwort -Nr.174-

lukrativ

Häufigkeit: 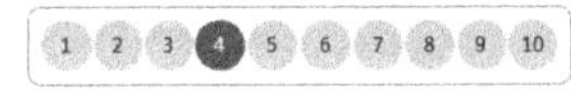

Bedeutung: profitabel, gewinnbringend, einen hohen finanziellen Gewinn versprechend

Satz: Da das Angebot für die Übernahme seiner Geschäftsanteile äußerst lukrativ war, verkaufte er sie unmittelbar am Folgetag.

Fremdwörter - Anfangsbuchstabe: M

Fremdwort -Nr.175-

manifestieren

Häufigkeit:

Bedeutung: offenbaren, etwas zum Ausdruck bringen, deutlich machen

Satz: Mit seinem Gemälde wollte der Künstler vor allem seine Liebe zur Natur manifestieren.

ALBRECHT VAN ANDERS

Fremdwort -Nr.176-

marginal

Häufigkeit: 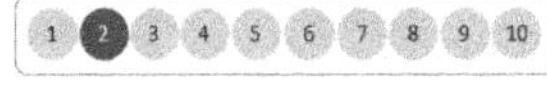

Bedeutung: etwas Nebensächliches, am Rande liegend

Satz: Der Patzer des Torwarts wird im Spielbericht nur marginal erwähnt.

Fremdwort -Nr.177-

Maxime

Häufigkeit: 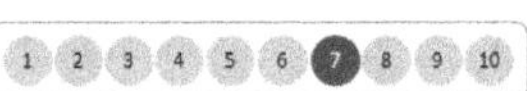

Bedeutung: Regel, Grundsatz, Prinzip, Motto, Einstellung

Satz: Bei diesem Auftrag war seine oberste Maxime, dass niemand zu Schaden kommen sollte.

Fremdwort -Nr.178-

Metapher

Häufigkeit:

Bedeutung: bildlicher Ausdruck, bildhafte Umschreibung

Satz: (Beispiel) Dann begann schließlich der Wettlauf mit der Zeit, ist eine Metapher.

Fremdwort -Nr.179-

Metrik

Häufigkeit: 

Bedeutung: Messsystem

Satz: Die Metrik ist ein Verfahren zur Messung von quantifizierbaren Einheiten.

> **Herkunft:** „Metrik" kommt aus dem Griechischen und bedeutet „Messung".

Fremdwort -Nr.180-

Mimik

Häufigkeit: 

Bedeutung: Minenspiel, Gesichtsausdruck

Satz: Seiner Mimik zu urteilen war er über die Entscheidung seiner Frau äußerst erzürnt.

Fremdwort -Nr.181-

moderat

Häufigkeit:

Bedeutung: gemäßigt, angemessen, bescheiden

Satz: Die Supermarktpreise im Urlaub waren moderat, man konnte sich nicht beklagen.

Fremdwort -Nr.182-

Monolog

Häufigkeit:

Bedeutung: Äußerung einer einzigen Person (meist von nicht kurzer Dauer), Selbstgespräch

Satz: Das Publikum verlor zunehmend die Geduld, denn der Monolog schien nie zu enden.

Gegenteil: Gespräch, Dialog

Fremdwort -Nr.183-

motorisch

Häufigkeit: 

Bedeutung: die Bewegungsfähigkeit des Körpers betreffend, den Bewegungsablauf betreffend

Satz: Gemessen an seinem Alter weist das Kind ein motorisches Defizit auf.

Fremdwort -Nr.184-

multilateral

Häufigkeit: 

Bedeutung: mehrseitig, mehrere Akteure betreffend, vielseitig

Satz: Im internationalen Handel nimmt vor allem die Anzahl multilateraler Verträge enorm zu.

Fremdwort -Nr.185-

naiv

Häufigkeit: 

Bedeutung: leichtäugig, blauäugig, unwissend, arglos

Satz: Es ist naiv zu glauben, dass es Josef in der Diskussion um das Wechselgeld geht.

Fremdwort -Nr.186-

narzisstisch

Häufigkeit: 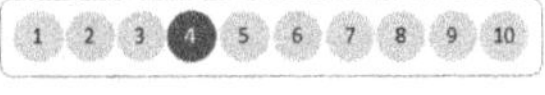

Bedeutung: ichbezogen, übersteigert in sich selbst verliebt

Satz: Durch ihre narzisstische Art arbeiten ihre Kollegen sehr ungern mit ihr zusammen.

Gegenteil: uneigennützig, selbstlos, kooperativ

Fremdwort -Nr.187-

negoziieren

Häufigkeit: 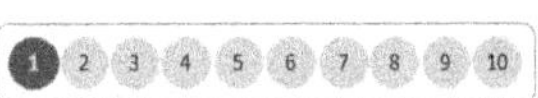

Bedeutung: Wechsel begeben, Handel betreiben

Satz: Wenn wir zukünftig in einem anderen Marktsegment negoziieren, können wir voraussichtlich unsere Profite vervielfachen.

Fremdwort -Nr.188-

Nihilist

Häufigkeit: 

Bedeutung: Anhänger des Nihilismus (Weltanschauung, die von der Sinnlosigkeit und Nichtigkeit alles Irdischen ausgeht), jemand, der an nichts glaubt

Satz: Ein Nihilist fällt Entscheidungen ohne den Einfluss von Emotionen oder subjektiven Eindrücken.

Herkunft: „nihil" kommt aus dem Lateinischen und bedeutet „nichts".

Fremdwort -Nr.189-

nonverbal

Häufigkeit: 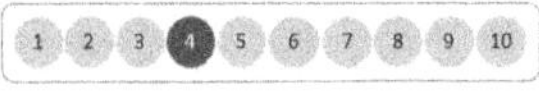

Bedeutung: (Kommunikation) ohne Verwendung der Sprache

Satz: Nonverbale Kommunikation wird oftmals durch den Gebrauch von Gestiken ausgedrückt.

Gegenteil: verbal, sich der Sprache bedienen

Fremdwort -Nr.190-

Nostalgie

Häufigkeit: 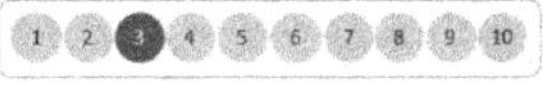

Bedeutung: Heimweh, der Vergangenheit wehmütig/ sentimental zugewandt

Satz: Immer, wenn sein Opa über seine Kindheit spricht, schwelgt er offensichtlich in Nostalgie.

Fremdwort -Nr.191-

notorisch

Häufigkeit: 

Bedeutung: gewohnheitsmäßig, allbekannt; auch: für ein bestimmtes, wiederholtes Fehlverhalten bekannt

Satz: Toni ist in seinem Sportverein als notorischer Lügner bekannt.

Fremdwort -Nr.192-

Nuance

Häufigkeit: 

Bedeutung: feiner, kaum merklicher Unterschied

Satz: Sein Anzug schimmerte blau in unterschiedlichen Nuancen.

Fremdwort -Nr.193-

numerisch

Häufigkeit: 

Bedeutung: zahlenmäßig, quantitativ

Satz: Manche Probleme können lediglich durch numerische Verfahren gelöst werden.

Fremdwort -Nr.194-

objektiv

Häufigkeit: 

Bedeutung: sachlich, parteilos, unbeeinflusst, nicht von persönlichen Meinungen/ Gefühlen bestimmt

Satz: Die Teilnehmer wurden von der Jury objektiv bewertet.

Fremdwort -Nr.195-

obligatorisch

Häufigkeit: 

Bedeutung: verbindlich, verpflichtend, vorgeschrieben

Satz: Die Teilnahme an der Klausur war für Ernst obligatorisch, da er bereits den vorherigen Prüfungstermin ausgelassen hatte.

Fremdwort -Nr.196-

obskur

Häufigkeit: 

Bedeutung: von schlechtem Ruf, dubios, zweifelhaft

Satz: Die Echtheit des Goldschmucks ist ungewiss, da er von einem äußerst obskuren Händler verkauft wurde.

Fremdwort -Nr.197-

obsolet

Häufigkeit: 

Bedeutung: veraltet, überholt, außer Gebrauch geraten

Satz: Windows 98 ist ein Betriebssystem, das längst als obsolet gilt.

Fremdwort -Nr.198-

obszön

Häufigkeit: 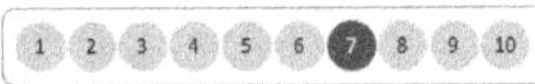

Bedeutung: schamlos, unanständig, anstößig

Satz: Die obszöne Bemerkung des Managers im Bewerbungsgespräch führte dazu, dass sich die Bewerberin sehr unwohl fühlte und verlegen auf den Boden schaute.

Fremdwort -Nr.199-

offerieren

Häufigkeit:

Bedeutung: anbieten

Satz: Benedikt offerierte ihr eine Tasse Kaffee.

Fremdwort -Nr.200-

ominös

Häufigkeit: 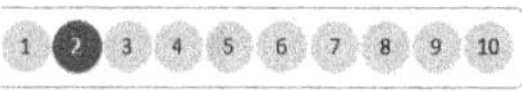

Bedeutung: unheimlich, seltsam, ungewöhnlich

Satz: Die Geräusche aus dem Keller klangen ominös und machten den Kindern Angst.

Gegenteil: vertraut, gewöhnlich

Fremdwort -Nr.201-

operationalisieren

Häufigkeit:

Bedeutung: standardisieren, objektivieren

Satz: Die theoretischen Begriffe müssen operationalisiert werden, um ein schnelles Verständnis zu gewährleisten.

Fremdwort -Nr.202-

optional

Häufigkeit: 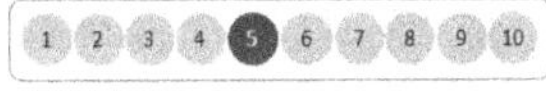

Bedeutung: es kann frei entschieden werden, ob etwas gemacht wird oder nicht, wählbar, unverbindlich

Satz: Die Angabe der Adresse ist optional.

Gegenteil: obligatorisch, verbindlich

Fremdwort -Nr.203-

orthodox

Häufigkeit: 

Bedeutung: rechtgläubig, strenggläubig, die orthodoxe Kirche betreffend

Satz: Schon unter den Zaren war die orthodoxe Kirche weitverbreitet.

Fremdwörter - Anfangsbuchstabe: P

Fremdwort -Nr.204-

Paradigma

Häufigkeit: 

Bedeutung: Schema, Denkmuster

Satz: Gerade in der Führungsebene müsste dringend ein Wechsel der Paradigmen erfolgen.

Fremdwort -Nr.205-

paradox

Häufigkeit: 

Bedeutung: widersprüchlich, widersinnig

Satz: Die Aussagen des Zeugen wirkten unglaubwürdig, da sie ziemlich paradox waren.

Fremdwort -Nr.206-

paranoid

Häufigkeit: 

Bedeutung: angstvoll, angsterfüllt, unter Verfolgungswahn leidend

Satz: Sie ist sehr paranoid und blickte auf dem Weg zur Schule mehrfach hinter sich.

Fremdwort -Nr.207-

paraphrasieren

Häufigkeit:

Bedeutung: etwas in eigenen Worten erklären/ wiedergeben

Satz: Die Lehrerin wies ihre Schüler an den vorliegenden Abschnitt zu paraphrasieren.

Fremdwort -Nr.208-

partiell

Häufigkeit: 

Bedeutung: anteilsmäßig, teilweise, anteilig

Satz: Durch fehlende Puzzleteile konnte das Bild nur partiell erstellt werden.

> **Gegenteil:** total, komplett, ganz

Fremdwort -Nr.209-

partizipieren

Häufigkeit: 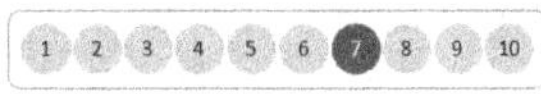

Bedeutung: beteiligt sein, (an etwas) teilhaben

Satz: Da Günther an der heutigen Veranstaltung partizipieren wird, kauft er sich gerade einen neuen Anzug.

> **Tipp:** Das englische Wort „participate" bedeutet „teilnehmen".

Fremdwort -Nr.210-

Passion

Häufigkeit:

Bedeutung: Leidenschaft

Satz: Die Malerei war seit jeher seine Passion.

Fremdwort -Nr.211-

pathogen

Häufigkeit: 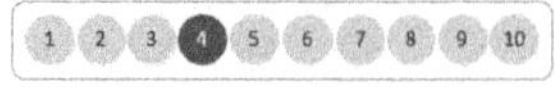

Bedeutung: krankheitserregend, eine Krankheit auslösend, krank machend

Satz: Giftstoffe in der Wohnung oder in der Kleidung können sich durchaus als pathogen erweisen.

Fremdwort -Nr.212-

patriarchalisch

Häufigkeit: 

Bedeutung: das Patriarchat betreffend, wie ein Patriarch

Satz: Der patriarchalische Führungsstil kennzeichnet sich durch einen uneingeschränkten Alleinherrscher, wie im alten Rom.

> **Tipp:** Ein Patriarch ist ein höchstrangiger Bischof.

Fremdwort -Nr.213-

Pendant

Häufigkeit: 

Bedeutung: passendes, ergänzendes, entsprechendes Gegenstück/ Äquivalent

Satz: Ihre schwarzen Schuhe sind das ideale Pendant zu ihrem weißen Kleid.

Fremdwort -Nr.214-

penetrant

Häufigkeit: 

Bedeutung: lästig, aufdringlich, ohne Unterlass störend

Satz: Der Geruch aus der Mülltonne war sehr penetrant.

Fremdwort -Nr.215-

per se

Häufigkeit: 

Bedeutung: selbst, für sich, an sich

Satz: Das Vorhaben ist per se schwer in die Tat umzusetzen.

Fremdwort -Nr.216-

perfide

Häufigkeit: 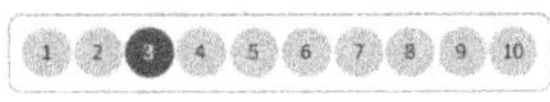

Bedeutung: heimtückisch, hinterhältig, hinterlistig

Satz: Das Verhalten des Abgeordneten im Wahlkampf war perfide.

Fremdwort -Nr.217-

peripher

Häufigkeit:

Bedeutung: nebensächlich, marginal, am Rande befindlich

Satz: Das Fußballspiel hat ihn nur peripher tangiert.

Fremdwort -Nr.218-

Phrase

Häufigkeit: 1 2 3 4 **5** 6 7 8 9 10

Bedeutung: Redensart, (nichtssagende) Ausdrucksweise

Satz: Alles was er sagte waren leere Phrasen.

Fremdwort -Nr.219-

physisch

Häufigkeit: 1 2 3 4 5 6 **7** 8 9 10

Bedeutung: das Körperliche/ die Physis betreffend, körperlich

Satz: Nachdem er zehn Stunden auf dem Feld arbeitete war er physisch erschöpft.

Fremdwort -Nr.220-

Plagiat

Häufigkeit: 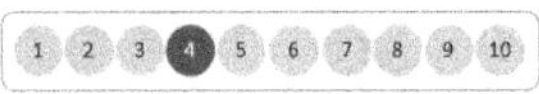 1 2 3 **4** 5 6 7 8 9 10

Bedeutung: Fälschung, Diebstahl geistigen Eigentums

Satz: Seine Masterarbeit wurde mit Hilfe einer Software auf Plagiat geprüft.

Fremdwort -Nr.221-

plakativ

Häufigkeit: 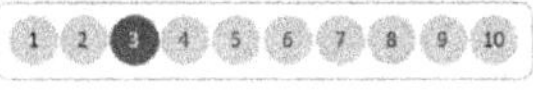 1 2 **3** 4 5 6 7 8 9 10

Bedeutung: vordergründig in der Aussage, auffällig, sehr betont

Satz: Im Interview betonte er plakativ, wie sehr er sich für seine Familie einsetzt.

Fremdwort -Nr.222-

Pointe

Häufigkeit: 

Bedeutung: unvorhergesehener/ aufschlussreicher Kulminationspunkt/ Gipfel einer Geschichte, Witz, Gag

Satz: Die Pointe am Ende seiner Ansprache brachte das gesamte Publikum zum Lachen.

Fremdwort -Nr.223-

polarisieren

Häufigkeit: 

Bedeutung: Gegensätze schaffen

Satz: Durch seine abfälligen Bemerkungen über Politiker und die Zurschaustellung ihrer Vermögen verstand er es die Medien zu polarisieren.

Fremdwort -Nr.224-

postulieren

Häufigkeit: 

Bedeutung: etwas zur Bedingung machen, fordern, Anspruch stellen

Satz: Sie postulierte vehement die Gleichberechtigung zwischen Männern und Frauen.

Fremdwort -Nr.225-

prädestiniert

Häufigkeit: 

Bedeutung: vorbestimmt, vorherbestimmt, wegen einer bestimmten Eigenschaft für eine bestimmte Funktion besonders geeignet

Satz: Durch Christians Schnelligkeit ist er für die Position des Stürmers geradezu prädestiniert.

Fremdwort -Nr.226-

pragmatisch

Häufigkeit: 

Bedeutung: sachlich, handlungsorientiert, nützlich, praxisbezogen

Satz: Das Problem sollte besser pragmatisch angegangen werden.

Fremdwort -Nr.227-

Prämisse

Häufigkeit: 

Bedeutung: Voraussetzung, Annahme, Kondition, Bedingung

Satz: Sie ging von der Prämisse aus, dass ihre Mutter bereits einkaufen war.

Fremdwort -Nr.228-

präventiv

Häufigkeit: 

Bedeutung: vorbeugend, eine unerwünschte/ potentielle Entwicklung verhindern

Satz: Karl-Heinz nahm den Regenschirm präventiv mit, da es nach Regen aussah.

Fremdwort -Nr.229-

präzisieren

Häufigkeit: 

Bedeutung: eingrenzen, genauer beschreiben

Satz: Der Lehrer bat den Schüler seine Aussage zu präzisieren.

Fremdwort -Nr.230-

prekär

Häufigkeit: 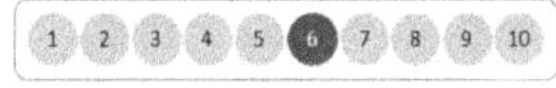

Bedeutung: problematisch, heikel, schwierig

Satz: Die Situation, in der sich der Bankräuber befand, war äußerst prekär, da die Bankangestellte bereits die lokale Polizei informiert hatte.

Fremdwort -Nr.231-

Prestige

Häufigkeit: 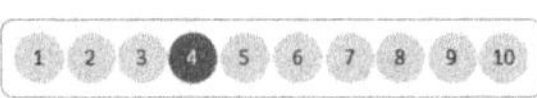

Bedeutung: Geltung oder Ansehen einer Person/ Institution/ Vereinigung etc., Anerkennung, Image

Satz: Als Senator war er eine Person mit sehr hohem Prestige.

Fremdwort -Nr.232-

profan

Häufigkeit: 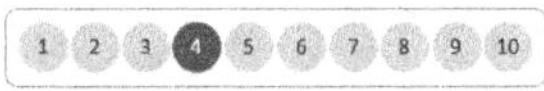

Bedeutung: gewöhnlich, alltäglich, schlicht

Satz: Die Nachricht war keineswegs bedeutsam, sondern eher profan.

Fremdwort -Nr.233-

profitieren

Häufigkeit: 7

Bedeutung: Nutzen aus etwas ziehen, aus etwas Profit ziehen

Satz: Die Aktionäre profitierten unmittelbar vom Anstieg der Aktie.

Fremdwort -Nr.234-

profund

Häufigkeit: 3

Bedeutung: tiefgreifend, gründlich, umfassend

Satz: Überraschend waren seine profunden Kenntnisse im Bereich Marketing.

> **Gegenteil:** oberflächlich

Fremdwort -Nr.235-

progressiv

Häufigkeit: 4

Bedeutung: ansteigend, zunehmend

Satz: Zum Nachteil der Steuerzahler ist der Steuersatz progressiv.

> **Gegenteil:** degressiv, abnehmend

Fremdwort -Nr.236-

Pseudonym

Häufigkeit: 

Bedeutung: Künstlername, Deckname, fingierter Name (um die eigentliche Identität zu verschleiern)

Satz: Der Thriller wurde unter einem Pseudonym veröffentlicht.

Fremdwort -Nr.237-

publizieren

Häufigkeit: 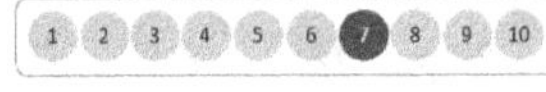

Bedeutung: veröffentlichen, kundgeben

Satz: Als angesehener Wissenschaftler publizierte er mehrere Studien.

Fremdwörter - Anfangsbuchstabe: Q

Fremdwort -Nr.238-

Quartal

Häufigkeit: 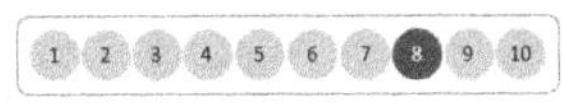

Bedeutung: Vierteljahr, Zeitraum von drei Monaten

Satz: Viele Unternehmen erstellen einen Bericht für jedes Quartal.

Fremdwort -Nr.239-

Quintessenz

Häufigkeit: 

Bedeutung: Hauptgedanke, Kernpunkt

Satz: Die Quintessenz der Ansprache war eindeutig und konnte sich in zwei Sätzen zusammenfassen lassen.

Fremdwörter - Anfangsbuchstabe: R

Fremdwort -Nr.240-

rapide

Häufigkeit: 

Bedeutung: rasch, rasant, äußerst schnell

Satz: Kaum waren alle Passagiere an Bord, schon nahm der Geländewagen rapide die Fahrt auf.

Fremdwort -Nr.241-

rational

Häufigkeit: 

Bedeutung: vernünftig, verstandesgemäß, mit der Vernunft zu tun habend

Satz: Er ließ sich nicht durch Emotionen beeinflussen, sondern handelte äußerst rational.

Fremdwort -Nr.242-

redundant

Häufigkeit: 

Bedeutung: wiederholt, mehrfach vorhanden

Satz: Die Batterien sind redundant vorhanden, um Schäden zu verhindern, falls eine der Batterien versagen sollte.

Fremdwort -Nr.243-

Referenz

Häufigkeit: 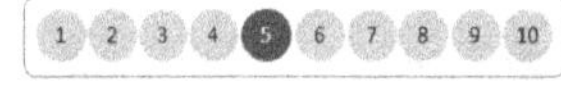

Bedeutung: Nachweis, Beleg, Verweis auf etwas/ jemanden, der als zuverlässige Quelle dienen kann

Satz: Norbert führte seine Bachelorarbeit als Referenz auf, um seine Affinität für wissenschaftliche Arbeiten vorzuweisen.

Fremdwort -Nr.244-

Repertoire

Häufigkeit: 

Bedeutung: Vorrat, Bestand

Satz: Als die Enkelkinder den Weinkeller ihres Opas betraten stellten sie fest, dass sein alkoholisches Repertoire sehr ausgeschöpft war.

Fremdwort -Nr.245-

repetieren

Häufigkeit: 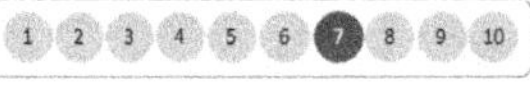

Bedeutung: etwas wiederholend lernen/ üben

Satz: Sein Vater erklärte ihm, dass er die Vokabeln ständig repetieren müsse.

Fremdwort -Nr.246-

repräsentieren

Häufigkeit: 

Bedeutung: etwas/ jemanden in der Öffentlichkeit vertreten, etwas darstellen

Satz: Auf der heutigen Sitzung wird der Vorstandsvorsitzende den Automobilkonzern repräsentieren.

Fremdwort -Nr.247-

resistent

Häufigkeit: 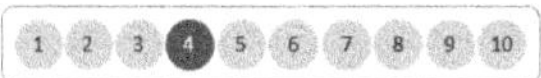

Bedeutung: unempfindlich, sich widersetzend, widerstandsfähig gegen negative Einflüsse, immun

Satz: Glücklicherweise war die Pflanze gegen die Schädlinge resistent.

Fremdwort -Nr.248-

resolut

Häufigkeit:

Bedeutung: entschlossen, tatkräftig, zum Handeln bereit

Satz: Durch seine resolute Art konnte er im Bewerbungsgespräch direkt überzeugen.

---

respektive

Häufigkeit: 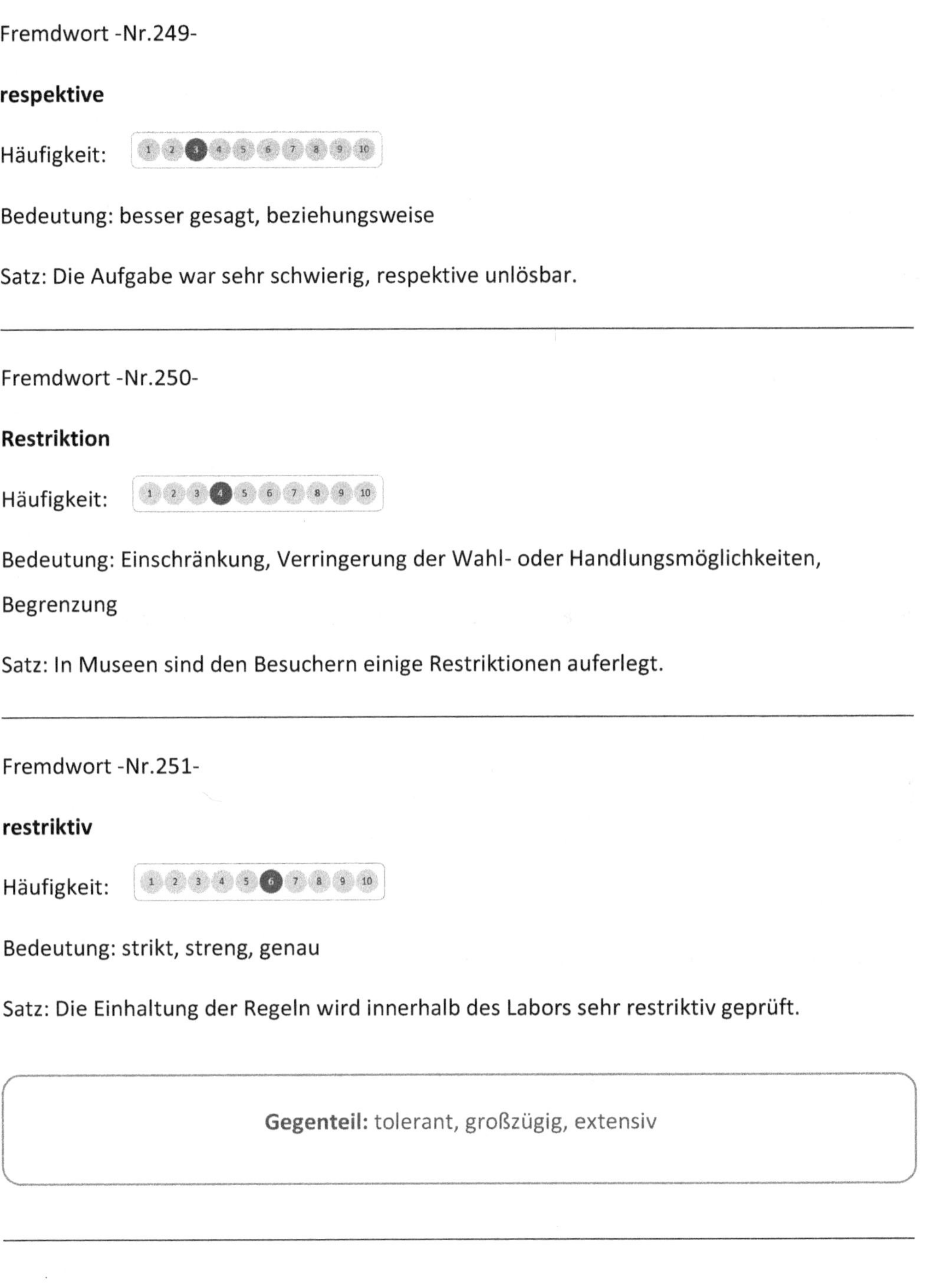

Bedeutung: besser gesagt, beziehungsweise

Satz: Die Aufgabe war sehr schwierig, respektive unlösbar.

Fremdwort -Nr.250-

Restriktion

Häufigkeit:

Bedeutung: Einschränkung, Verringerung der Wahl- oder Handlungsmöglichkeiten, Begrenzung

Satz: In Museen sind den Besuchern einige Restriktionen auferlegt.

Fremdwort -Nr.251-

restriktiv

Häufigkeit:

Bedeutung: strikt, streng, genau

Satz: Die Einhaltung der Regeln wird innerhalb des Labors sehr restriktiv geprüft.

> **Gegenteil:** tolerant, großzügig, extensiv

Fremdwort -Nr.252-

Rezension

Häufigkeit: 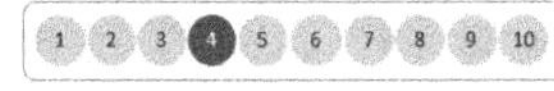

Bedeutung: Einschätzung, Beurteilung, Kritik, kritische Besprechung eines Werkes/ Buches

Satz: Auf der Internetseite befanden sich mehrere Rezensionen.

Fremdwort -Nr.253-

reziprok

Häufigkeit: 

Bedeutung: gegenseitig, in Wechselbeziehung stehend, wechselseitig

Satz: Die Beziehung der Lehrer charakterisierte sich durch reziproke Hochachtung.

Fremdwort -Nr.254-

rudimentär

Häufigkeit:

Bedeutung: in Ansätzen, in Teilstücken, ansatzweise

Satz: Die Tiere der Tiefsee sind erst rudimentär erforscht.

> **Gegenteil:** vollständig, umfassend

Fremdwort -Nr.255-

sarkastisch

Häufigkeit: 

Bedeutung: ironisch, höhnisch, spottend, Zynismus, schwarzer Humor

Satz: Nachdem Fritz und seine Geschwister mehrere Stunden gelangweilt bei ihrer Oma verbrachten, berichteten sie ihrer Mutter sarkastisch, dass es sehr lustig und aufregend war und verdrehten dabei die Augen.

Fremdwort -Nr.256-

schizophren

Häufigkeit: 

Bedeutung: an Schizophrenie leidend (Denkstörungen, Halluzinationen und Wahn)

Satz: Er litt an schizophrener Psychose und damit auch an Realitätsverlust.

Fremdwort -Nr.257-

senil

Häufigkeit: 

Bedeutung: dement, altersschwach, greisenhaft

Satz: Opa muss sich alle Informationen aufschreiben, da er als 90-Jähriger zunehmend senil ist.

Fremdwort -Nr.258-

signifikant

Häufigkeit: 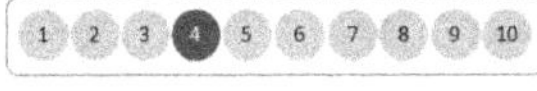

Bedeutung: wesentlich, bedeutend, in deutlicher Weise, triftig

Satz: Seine finanziellen Einbrüche waren signifikant.

Fremdwort -Nr.259-

simplifizieren

Häufigkeit: 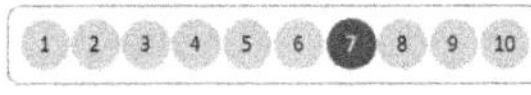

Bedeutung: vergröbern, vereinfachen

Satz: Die neuen Regeln sollen den Alltag der Mitarbeiter simplifizieren.

> **Gegenteil:** verkomplizieren, erschweren

Fremdwort -Nr.260-

skurril

Häufigkeit:

Bedeutung: bizarr, komisch, eigenartig

Satz: Seine Äußerung war äußerst skurril, alle Anwesenden schauten sich mit fragenden Blicken an.

Fremdwort -Nr.261-

solide

Häufigkeit: 

Bedeutung: wie es sein sollte, wie es sich gehört, tadellos

Satz: Seine gestrige Leistung auf dem Fußballplatz war sehr solide.

Fremdwort -Nr.262-

spezifisch

Häufigkeit: 

Bedeutung: speziell, eigentümlich, bezeichnend, eigen

Satz: Der Biologe suchte nach einem spezifischen Gen.

Fremdwort -Nr.263-

sporadisch

Häufigkeit: 

Bedeutung: gelegentlich, vereinzelt vorkommend, ab und zu

Satz: Die Fehler traten glücklicherweise nur sporadisch auf.

Fremdwort -Nr.264-

stagnieren

Häufigkeit: 1 2 3 4 5 **6** 7 8 9 10

Bedeutung: stillstehen, nicht weiterentwickeln, ruhen, stocken

Satz: Die Absatzzahlen stagnierten auf dem gleichen Niveau.

Fremdwort -Nr.265-

statisch

Häufigkeit: 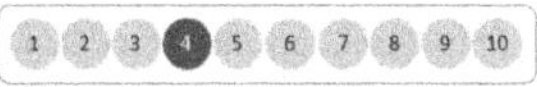

Bedeutung: ruhend, unbeweglich

Satz: Das Bild veränderte sich nicht, es war statisch.

Gegenteil: dynamisch, beweglich

Fremdwort -Nr.266-

steril

Häufigkeit: 

Bedeutung: hygienisch, keimfrei

Satz: Für den Einsatz der Nadeln mussten sie unbedingt steril sein.

Fremdwort -Nr.267-

stoisch

Häufigkeit:

Bedeutung: gemütlich, beherrscht, gelassen

Satz: Seine stoische Ruhe übertrug sich auf alle Teammitglieder.

Fremdwort -Nr.268-

stringent

Häufigkeit: 

Bedeutung: ohne Abweichungen nach Plan, streng an Regeln haltend

Satz: Der Bauleiter legte Wert auf eine stringente Ausführung seiner Vorschriften.

Fremdwort -Nr.269-

subjektiv

Häufigkeit: 

Bedeutung: parteiisch, unsachlich, von persönlichen Meinungen/ Vorurteilen/ Gefühlen bestimmt, beeinflusst

Satz: Dadurch, dass der Lehrer mit dem Schüler verwandt war, bewertete er seinen Aufsatz subjektiv.

> **Gegenteil:** objektiv, unparteiisch

Fremdwort -Nr.270-

suboptimal

Häufigkeit:

Bedeutung: nicht ganz optimal/ perfekt

Satz: Die Durchführung des Trainings war suboptimal.

Fremdwort -Nr.271-

subsidiär

Häufigkeit: 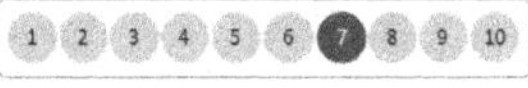

Bedeutung: unterstützend, helfend, Hilfe leistend

Satz: Das Zelt fungiert subsidiär als vorübergehender Schlafplatz.

Fremdwort -Nr.272-

subtil

Häufigkeit: 

Bedeutung: mit viel Feingefühl, mit viel Sorgfalt, fein strukturiert, detailreich

Satz: Horst ist für seinen subtilen Humor bekannt. (Subtiler Humor: ein versteckter, feiner Witz, der herausgelesen/ herausgehört werden muss, damit darüber gelacht werden kann)

Fremdwort -Nr.273-

suffizient

Häufigkeit:

Bedeutung: genug, ausreichend, genügend

Satz: Die Leistungsfähigkeit seiner Organe ist vollkommen suffizient.

> **Tipp:** Das englische Wort „sufficient" bedeutet „ausreichend".

Fremdwort -Nr.274-

suggerieren

Häufigkeit: 1 2 3 4 5 6 **7** 8 9 10

Bedeutung: nahelegen, etwas unterschwellig andeuten, einflößen

Satz: Manuel suggerierte seiner Freundin, dass er keine Lust auf die Party hatte.

Fremdwort -Nr.275-

sukzessiv

Häufigkeit: 1 2 3 **4** 5 6 7 8 9 10

Bedeutung: sequentiell, Schritt für Schritt ablaufend, kontinuierlich, schrittweise

Satz: Das Heranwachsen eines Organismus verläuft sukzessiv.

Fremdwort -Nr.276-

suspekt

Häufigkeit: 1 2 3 4 **5** 6 7 8 9 10

Bedeutung: verdächtig, fragwürdig, zwielichtig

Satz: Das Geschäft schien ihr äußerst suspekt, weshalb sie nicht dort einkaufte.

> **Gegenteil:** vertrauenswürdig, glaubhaft, seriös

Fremdwort -Nr.277-

symptomatisch

Häufigkeit: 

Bedeutung: bezeichnend (für etwas), typisch

Satz: Der Spruch war symptomatisch für eine Debatte.

Fremdwort -Nr.278-

synchronisieren

Häufigkeit: 

Bedeutung: technische Prozesse in Einklang bringen

Satz: Die Daten zwischen dem Smartphone und dem Computer wurden synchronisiert.

Fremdwort -Nr.279-

Synergie

Häufigkeit: 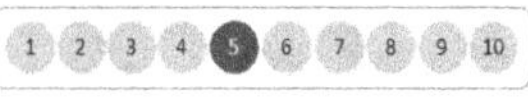

Bedeutung: gebündelte Energie zur kollektiven Erfüllung von Aufgaben

Satz: Um Synergien der Betriebe erreichen zu können, wurden die Unternehmen fusioniert.

Fremdwort -Nr.280-

Synonym

Häufigkeit:

Bedeutung: Wörter mit gleicher Bedeutung, sinngleich

Satz: (Beispiel) Die Wörter „Exempel" und „Beispiel" können synonym verwendet werden.

Fremdwort -Nr.281-

tangieren

Häufigkeit: 

Bedeutung: berühren, bewegen, betreffen, am Rande

Satz: Das Problem tangiert mich wenig.

Fremdwort -Nr.282-

taxieren

Häufigkeit: 

Bedeutung: abschätzen, einen Wert schätzen

Satz: Die anfallenden Baukosten wurden auf 23 Millionen € taxiert.

Fremdwort -Nr.283-

temporär

Häufigkeit: 

Bedeutung: zeitweilig, zeitlich begrenzt

Satz: Ein Henna-Tattoo ist ein temporärer Körperschmuck.

Gegenteil: immer während, permanent

Fremdwort -Nr.284-

transformieren

Häufigkeit: 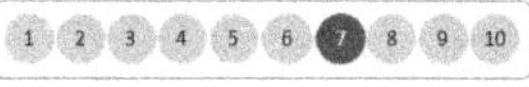

Bedeutung: umformen, umwandeln

Satz: Die staatlichen Betriebe wurden schließlich in private Betriebe transformiert.

Fremdwort -Nr.285-

transparent

Häufigkeit: 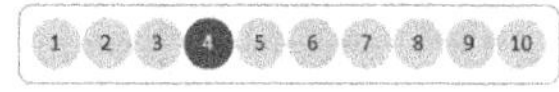

Bedeutung: durchsichtig, durchscheinend

Satz: Da Ben den Drachen abpausen wollte, suchte er nach einem transparenten Blatt.

Fremdwort -Nr.286-

trivial

Häufigkeit:

Bedeutung: banal, einfach, alltäglich, simpel, altbekannt

Satz: Die Mathematikaufgabe war für ihn trivial und konnte im Handumdrehen gelöst werden.

Fremdwort -Nr.287-

universell

Häufigkeit: 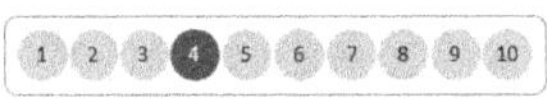

Bedeutung: überall vorkommend/ zutreffend

Satz: Dieses Recht sollte zwingend universell gültig sein.

Fremdwort -Nr.288-

unkonventionell

Häufigkeit:

Bedeutung: unüblich, außergewöhnlich, auf unübliche Weise

Satz: Eine Bierflasche mit den Zehen zu öffnen, ist sicherlich eine unkonventionelle Methode.

Gegenteil: konventionell, auf gewohnte Weise

Fremdwort -Nr.289-

utopisch

Häufigkeit:

Bedeutung: unrealisierbar, unerreichbar, illusorisch, wirklichkeitsfremd

Satz: Seine Gehaltsvorstellung war definitiv utopisch.

Fremdwort -Nr.290-

vakant

Häufigkeit: 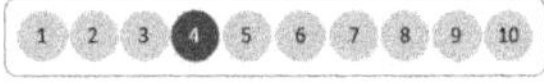

Bedeutung: offen, unbesetzt, verfügbar, frei

Satz: In diesem Unternehmen gibt es aktuell mehr als 30 vakante Stellen.

Gegenteil: okkupiert, besetzt

Fremdwort -Nr.291-

vehement

Häufigkeit: 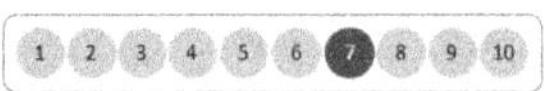

Bedeutung: ungestüm, heftig, mit großem Einsatz

Satz: Erich wollte unbedingt in das Haus und klopfte vehement an die Eingangstür.

Fremdwort -Nr.292-

verifizieren

Häufigkeit: 

Bedeutung: bestätigen, beglaubigen, überprüfen, authentifizieren, bescheinigen, beweisen

Satz: Durch seinen Personalausweis konnte seine Identität verifiziert werden.

Gegenteil: falsifizieren, widerlegen

Fremdwort -Nr.293-

versiert

Häufigkeit: 

Bedeutung: geschickt, kennend, erfahren, sachverständig, geübt

Satz: Für die ausgeschriebene Stelle sucht das Unternehmen einen technisch versierten Kaufmann.

Fremdwort -Nr.294-

virtuell

Häufigkeit:

Bedeutung: (durch einen Computer) simuliert

Satz: Der Flugsimulator ermöglicht einen virtuellen Flug.

Fremdwort -Nr.295-

visuell

Häufigkeit: 

Bedeutung: optisch, die optische Wahrnehmung betreffend

Satz: Der Graue Star beeinträchtigte seine visuelle Wahrnehmung.

Fremdwort -Nr.296-

vital

Häufigkeit: 

Bedeutung: kräftig, lebendig

Satz: Trotz seiner fast 94 Lebensjahre ist er immer noch sehr vital.

Fremdwort -Nr.297-

volatil

Häufigkeit: 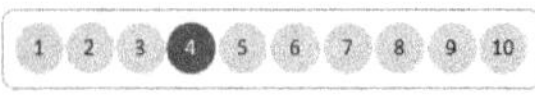

Bedeutung: schwankend, wankelmütig, wechselhaft, flatterhaft, sehr beweglich

Satz: Der Aktienkurs verhält sich heute sehr volatil.

Fremdwort -Nr.298-

vulgär

Häufigkeit:

Bedeutung: unanständig, schmutzig, obszön

Satz: Wegen seiner vulgären Anmerkung im Unterricht, wurde er zum Direktor gerufen.

Fremdwort -Nr.299-

Zyklus

Häufigkeit: 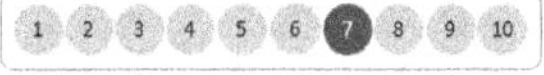

Bedeutung: Abfolge, Kreislauf, regelmäßige Wiederkehr, Folge

Satz: Gerade in fernöstlichen Religionen ist der Zyklus des Lebens, durch den Tod und die Wiedergeburt, ein Thema.

Fremdwort -Nr.300-

zynisch

Häufigkeit: 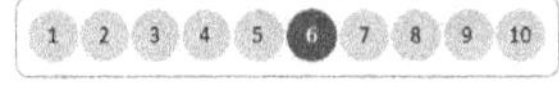

Bedeutung: verletzend, spöttisch, boshaft, höhnisch

Satz: Seine zynische Anmerkung widerte sichtlich alle Anwesenden zutiefst an.

Herzlichen Glückwunsch! Sie haben erfolgreich 300 Fremdwörter gelernt und sind nun am Ende der Wortliste angelangt. Fühlen Sie sich bereits wie eine Rhetorik-Bestie, die einen kleinen Test bewältigen kann? Dann folgt nun abschließend ein Lückentext auf Basis einer randomisierten Auswahl der erlernten Fremdwörter. Jede Lücke enthält eines oder mehrere Synonyme, die unmittelbar darauffolgend in einer Klammer vorzufinden sind. Diese haben die Funktion Ihnen zu helfen das gesuchte Fremdwort zu ermitteln. Zusätzlich ist jede Lücke nummeriert, damit Sie am Ende des Textes überprüfen können, ob Sie mit Ihrer Vermutung richtig lagen. Daher folgt abschließend eine Lösungsübersicht der gesuchten Wörter.

Jetzt sind Sie dran!

1.Test

Felix saß ___________ 1 (teilnahmslos) in seinem Zimmer und starrte auf seinen Computerbildschirm. Seine Mutter Simone versuchte nun bereits seit mehreren Stunden ___________ 2 (mit großem Einsatz) ihn dazu zu bewegen, etwas mit seinen Freunden zu unternehmen. Doch ihre Mühe war vergebens. Von morgens bis abends verbrachte ihr Sohn die Zeit ___________ 3 (entschlossen, tatkräftig) vor dem PC und schien Videospiele zu spielen, so glaubte sie. Aber irgendetwas schien ihr ___________ 4 (verdächtig, fragwürdig). Immer, wenn sie den Flur zu seinem Zimmer betrat, hörte sie ihn reden. Felix war zwar eher ___________ 5 (verschlossen), aber, dass er Selbstgespräche führte, konnte sich Simone ___________ 6 (für sich, an sich) nicht vorstellen. Also überlegte sie sich, was sie im ___________ 7 (Vorrat, Bestand) hatte, um ihn aus dem Zimmer zu locken. Simone setzte sich an den Küchentisch und schmiedete einen Plan, der äußerst ___________ 8 (feingliedrig) ausgearbeitet war. Statt nun immer und immer wieder an seine Tür zu klopfen und ihren 12-jährigen Sohn höflich zu bitten aus dem Zimmer zu kommen, war Simone fest entschlossen ihren Plan ___________ 9 (ohne Abweichung nach Plan, Streng an Regeln haltend) durchzuziehen und Felix' ___________ 10 (Einstellung, Haltung) zu ändern. Entschlossen griff sie nach dem Telefon und wählte die Rufnummer ihrer Freundin, Mia. Kurzerhand___________ 11 (festlegen, bestimmen) die Mütter einen Termin und vereinbarten einen Treffpunkt im Wald.

Als Nächstes verfasste Simone einen Brief, der sich an ihren Sohn richtete. Sie ___________ 12 (klar formulieren, deutlich aussprechen), dass sie gerne etwas mit ihm unternehmen wolle und er sich dafür umziehen müsse. Zusätzlich ___________ 13 (durch Bilder schmücken, veranschaulichen) sie mit Buntstiften mehrere Bäume und eine Kletterwand, um ihm zu zeigen, wohin sie mit ihm wollte. Anschließend schob sie den Brief unter die Tür ihres Sohnes und wartete davor. Felix hob ihn auf, setzte sich wieder auf seinen Schreibtischstuhl und las ihn ___________ 14 (in Teilstücken, ansatzweise). Als er schließlich ___________ 15 (herausfinden, ausfindig machen), dass Simone mit ihm in den Kletterpark wollte, sprang er ___________ 16 (aus dem Stegreif heraus) von seinem Stuhl und riss voller Euphorie die Tür seines Zimmers auf. Unmittelbar löste der Brief bei Felix puren ___________ 17 (Begeisterung) aus. Er umarmte seine Mutter und hüpfte ___________ 18 (ungebändigt) zum Kleiderschrank, um sich umzuziehen. Simone erkannte, dass ihre Methode ___________ 19 (wirkungsvoll, leistungsfähig) war. Felix und Simone waren ___________ 20 (einverstanden, gleicher Meinung) über das Ziel ihres Ausflugs und machten sich auf den Weg in den Kletterpark.

Auf dem Parkplatz angekommen sah er Mia's Auto und ___________ 21 (vorausahnen) den Plan seiner Mutter. Felix war ___________ 22 (aufregen, empören). Er hatte sich doch tatsächlich von ihr ___________ 23 (täuschen, überlisten) lassen. Mit verschränkten Armen saß er verbissen auf der Beifahrerseite und hasste seine Mutter in diesem Moment abgrundtief. Er fühlte sich ___________ 24 (respektlos, verächtlich) behandelt und hielt ___________ 25 (stur bei einer Meinung bleibend) an seinem Standpunkt fest, nicht aus dem Auto steigen zu wollen. Mehrfach ___________ 26 (sich mit einer Aufforderung an jemanden wenden) er an seine Mutter, ihn unverzüglich nach Hause zu fahren, denn er war sich sicher, dass Emma, Mia's 13-jährige Tochter, ebenfalls anwesend sein würde. Simone aber drohte mit einer ___________ 27 (Einschränkung, Begrenzung), die ihr Sohn um jeden Preis vermeiden wollte: Computerverbot für eine ganze Woche. Felix erkannte, dass ihm nichts anderes übrig blieb, als aus dem Auto zu steigen, also öffnete er die Beifahrertür und stieg ___________ 28 (schwerfällig, träge) aus dem Auto.

___________ 29 (zurückhaltend, unscheinbar) und reserviert setzte Felix einen Fuß vor den anderen und begab sich zum Eingang des Kletterparks. Simone lief einige Schritte breitgrinsend dahinter, da sie der Ansicht war, die ___________ 30 (heikel, kompliziert) Angelegenheit mit Bravour gemeistert zu haben. Plötzlich tauchten Mia und Emma am Eingang des Kletterparks auf und liefen Simone und Felix entgegen. ___________ 31 (erstaunlich, verblüffend) für die Mütter der beiden war jedoch, dass Emma Felix mit einem Kuss auf die Wange begrüßte und sie daraufhin seine Hand nahm. Verwundert stellten Simone und Emma fest, dass ihre Kinder ___________ 32 (tatsächlich, den Tatsachen entsprechend) ein Paar waren. Für Simone ergab das alles keinen Sinn. Das Verhalten ihres Sohnes und die innige Beziehung zu Emma schienen vollkommen ___________ 33 (widersprüchlich, widersinnig). Als Emma jedoch Felix fragte, ob er am Abend wieder mit ihr skypen wolle, ergab das Verhalten ihres Sohnes für Simone einen Sinn.

                                          ALBRECHT VAN ANDERS

Nichts mehr schien seltsam und ___________ 34 (verschwommen, unklar). Er wollte nur deshalb sein Zimmer nicht verlassen, da er über Skype mit Emma telefonierte. Er wollte nicht aus dem Auto steigen, weil es ihm peinlich war, die Beziehung mit Emma vor seiner Mutter ___________ 35 (offenbaren, deutlich machen) zu müssen. Simone stellte erleichtert fest, dass Felix ___________ 36 (selbstständig, eigenständig) war, als sie es für möglich hielt. Seiner ___________ 37 (Minenspiel, Gesichtsausdruck) zu urteilen fühlte er sich sehr zu Emma hingezogen, das war nun ___________ 38 (offensichtlich, auf der Hand liegend). Auch wenn Mia und Simone anfangs über die Beziehung ihrer Kinder verwundert waren, freuten sie sich umso mehr, dass sie jetzt noch mehr Gründe hatten sich häufiger zu treffen. Daher ___________ 39 (spazieren gehen, umherschlendern) sie gemütlich umher, während Emma und Felix einen Parkour im Kletterpark absolvierten.

1 = apathisch

2 = vehement

3 = resolut

4 = suspekt

5 = introvertiert

6 = per se

7 = Repertoire

8 = akribisch

9 = stringent

10 = Attitude

11 = determinierten

12 = artikulierte

13 = illustrierte

14 = rudimentär/ partiell

15 = eruieren

16 = ad hoc

17 = Enthusiasmus

18 = frenetisch

19 = effizient

20 = d'accord

21 = antizipierte

22 = echauffiert

23 = düpieren

24 = despektierlich

25 = dogmatisch

26 = appellierte

27 = Restriktion

28 = lethargisch

29 = dezent

30 = diffizile

31 = frappierend

32 = de facto

33 = paradox

34 = diffus

35 = manifestieren

36 = autarker

37 = Mimik

38 = evident

39 = flanierten

Rhetorik-Bestie 2.0

300 Wörter für noch mehr Eloquenz

Fremdwörter - Anfangsbuchstabe: A

Fremdwort -Nr.1-

abbitten

Häufigkeit: 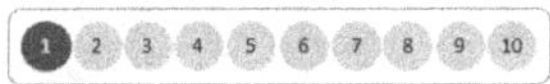

Bedeutung: jmd. um Verzeihung bitten, sich bei jmd. entschuldigen

Satz: Jan ist der Meinung, er habe seinem Bruder viel abzubitten.

Fremdwort -Nr.2-

abbreviieren

Häufigkeit:

Bedeutung: (Wörter) abkürzen

Satz: Das Wort „Eigentor" wird im Fußball häufig mit ET abbreviiert.

Fremdwort -Nr.3-

abdarben

Häufigkeit:

Bedeutung: absparen

Satz: Damit seine Kinder genug zu essen hatten, musste er sich die Mahlzeit abdarben.

Fremdwort -Nr.4-

abdominal

Häufigkeit: 

Bedeutung: den Bauch/das Abdomen/den Unterleib des Menschen betreffend

Satz: Der Patient klagte über abdominale Schmerzen.

> **Tipp:** Der Ausdruck „Abdomen" stammt aus dem Lateinischen und bedeutet „Bauch".

Fremdwort -Nr.5-

Abduktion

Häufigkeit:

Bedeutung: das Bewegen von Gliedmaßen (weg) von der Körperachse

Satz: Bei der Abduktion seines linken Armes hatte Tom heftige Schmerzen.

Fremdwort -Nr.6-

Aberration

Häufigkeit:

Bedeutung: Abweichung von typischen Merkmalen/Normen

Satz: Der Arzt stellte eine Aberration im Verhalten des Kindes fest.

Fremdwort -Nr.7-

abhold

Häufigkeit: 

Bedeutung: ungünstig, feindlich, abgeneigt

Satz: Der Lehrer war ihm gänzlich abhold.

Gegenteil: geneigt, zugetan, freundlich

Fremdwort -Nr.8-

abstinent

Häufigkeit: 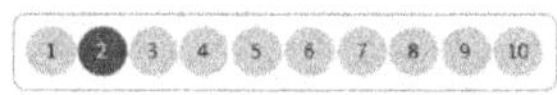

Bedeutung: enthaltsam, genügsam, verzichtend

Satz: Paul war für seinen abstinenten Lebensstil bekannt: Er verzichtete auf Alkohol und ungesunde Nahrungsmittel.

Fremdwort -Nr.9-

abundant

Häufigkeit:

Bedeutung: überflüssig, reichlich vorkommend

Satz: Die abundante Präsenz von Termiten schadete dem Haus.

Fremdwort -Nr.10-

adoleszent

Häufigkeit: (Häufigkeit 3 von 10)

Bedeutung: heranwachsend, jugendlich

Satz: Die Studie war ausschließlich für adoleszente Probanden bestimmt.

Fremdwort -Nr.11-

affektiert

Häufigkeit: (Häufigkeit 4 von 10)

Bedeutung: gekünstelt, geziert, unnatürlich

Satz: Hans verhielt sich äußerst affektiert.

> **Gegenteil:** ungezwungen, unaffektiert, natürlich

Fremdwort -Nr.12-

äffen

Häufigkeit: (Häufigkeit 3 von 10)

Bedeutung: täuschen, betrügen, irreführen

Satz: Durch den Blick auf das Blatt seines Tischnachbars, äffte der Schüler seinen Lehrer.

> **Gegenteil:** informieren, aufklären

Fremdwort -Nr.13-

Affront

Häufigkeit: 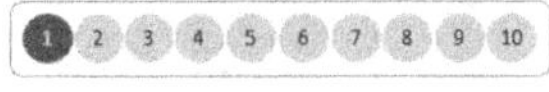

Bedeutung: Kränkung, Beleidigung

Satz: Ihr Dessert nicht zu probieren empfand Marie als Affront.

Fremdwort -Nr.14-

agglomerieren

Häufigkeit: 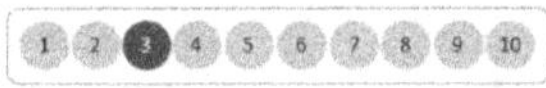

Bedeutung: anhäufen, ansammeln

Satz: Über die Jahre agglomerierte sich viel Müll in seiner Garage.

Fremdwort -Nr.15-

Agnosie

Häufigkeit:

Bedeutung: Unwissenheit, Unkenntnis

Satz: In Bezug auf Götter bekannte sich Professor Meier zu einer Agnosie.

Fremdwort -Nr.16-

Akribie

Häufigkeit: 

Bedeutung: höchste Gründlichkeit/Sorgsamkeit/Genauigkeit

Satz: Jonas implementierte den Prozess mit großer Akribie.

Gegenteil: Schlampigkeit, Oberflächlichkeit

Fremdwort -Nr.17-

akzentuieren

Häufigkeit:

Bedeutung: etwas hervorheben, stark betonen

Satz: Die silbernen Spiegel akzentuieren das ansonsten langweilige Auto.

Fremdwort -Nr.18-

akzidentell

Häufigkeit:

Bedeutung: unwesentlich, nebenbei, zufällig

Satz: Ihre Begegnung im Park war akzidentell.

Fremdwort -Nr.19-

alert

Häufigkeit:

Bedeutung: aufgeweckt, geistig munter, frisch

Satz: Sein Lieblingsschüler charakterisierte sich durch eine alerte Natur.

Fremdwort -Nr.20-

alimentieren

Häufigkeit: 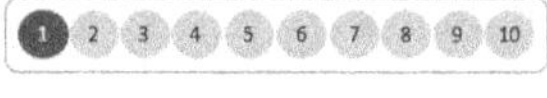

Bedeutung: unterhalten, jemanden finanziell unterstützen

Satz: Monatlich werde ich von meinen Eltern mit 300€ alimentiert.

> **Tipp:** „Alimente" sind Unterhaltsbeiträge, die regelmäßig zu zahlen sind.

Fremdwort -Nr.21-

allokieren

Häufigkeit:

Bedeutung: belegen, anfordern

Satz: Für das Projekt allokierte er mehr Speicherplatz.

ALBRECHT VAN ANDERS

Fremdwort -Nr.22-

Allüre

Häufigkeit: 

Bedeutung: eigenwilliges Benehmen/Gehabe

Satz: Hr. Forst gab sich der Allüre eines Philosophen.

Fremdwort -Nr.23-

alternieren

Häufigkeit:

Bedeutung: (aufeinanderfolgend) abwechseln, tauschen, ablösen

Satz: Die Rollenbesetzung wurde bewusst alternierend gewählt, sodass die Schauspieler lernten die Szenen aus anderen Blickwinkeln zu betrachten.

Fremdwort -Nr.24-

Altruismus

Häufigkeit:

Bedeutung: Menschenliebe, Selbstlosigkeit, Uneigennützigkeit

Satz: Altruismus ist heutzutage eine rare Tugend geworden.

Gegenteil: Egoismus

Fremdwort -Nr.25-

Altvorderer

Häufigkeit: 

Bedeutung: Ahne, Person, die einer vorausgegangenen Generation angehört, Vorfahr

Satz: Seinen Altvorderen war das Lied gänzlich unbekannt.

Fremdwort -Nr.26-

Ambiguität

Häufigkeit: 

Bedeutung: Mehrdeutigkeit, Vieldeutigkeit

Satz: Beim Tragen eines Ringes kann durchaus Ambiguität vorherrschen.

Gegenteil: Eindeutigkeit

Fremdwort -Nr.27-

amorph

Häufigkeit:

Bedeutung: gestaltlos, formlos

Satz: Der Künstler interpretierte sein missglücktes Werk als amorph.

Fremdwort -Nr.28-

anachronistisch

Häufigkeit: 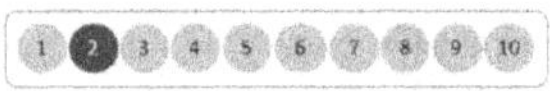

Bedeutung: nicht zeitgemäß, altmodisch

Satz: Ein Telefon in einem Historienfilm über Wikinger wäre anachronistisch.

Gegenteil: zeitgemäß

Fremdwort -Nr.29-

anbefehlen

Häufigkeit: 

Bedeutung: jemandem etwas dringend anraten/ nachdrücklich befehlen

Satz: Die Soldaten hielten sich zurück, da ihnen kein Angriff anbefohlen war.

Fremdwort -Nr.30-

androgyn

Häufigkeit:

Bedeutung: zweigeschlechtliche Merkmale vereinend/aufweisend

Satz: Bereits auf den ersten Blick war zu erkennen, dass sein Nachbar androgyn ist.

Fremdwort -Nr.31-

anglophon

Häufigkeit: 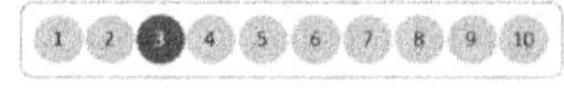

Bedeutung: englischsprachig (als Muttersprache)

Satz: Der Lehrer ist zweifelsfrei anglophon.

Fremdwort -Nr.32-

Animosität

Häufigkeit: 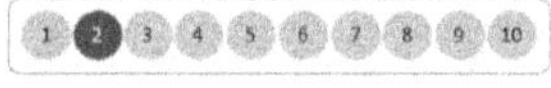

Bedeutung: feindselige/ gegensätzliche Einstellung

Satz: Innerhalb der Klasse waren vielerlei Animositäten erkennbar.

Fremdwort -Nr.33-

anspeien

Häufigkeit:

Bedeutung: jemanden bespucken/ anspucken

Satz: Auf der Straße wurde der Ex-Häftling von mehreren Passanten angespeit.

Fremdwort -Nr.34-

antagonistisch

Häufigkeit: 

Bedeutung: konträr, widerstreitend, entgegenwirkend, gegensätzlich

Satz: Innerhalb der Partei gab es antagonistische Gruppen.

> **Gegenteil:** übereinstimmend, synergistisch, kooperativ

Fremdwort -Nr.35-

apodiktisch

Häufigkeit:

Bedeutung: felsenfest, unwiderlegbar, ohne geltenden Widerspruch

Satz: Der Priester bestand apodiktisch auf die Existenz Gottes.

Fremdwort -Nr.36-

apokryph

Häufigkeit:

Bedeutung: ungültig, unecht

Satz: Das Christentum betrachtet alle anderen Schriften neben der Bibel als apokryph.

Fremdwort -Nr.37-

Apotheose

Häufigkeit: 

Bedeutung: Vergöttlichung/ Verherrlichung eines Menschen

Satz: In der Geschichte kam es oftmals zu Apotheosen mächtiger Persönlichkeiten.

Fremdwort -Nr.38-

applizieren

Häufigkeit: 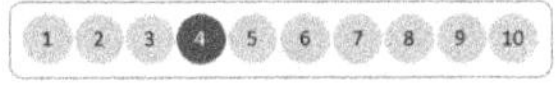

Bedeutung: ein Medikament anwenden/ verwenden

Satz: Dem Probanden wurde ein Placebo appliziert.

Fremdwort -Nr.39-

arkan

Häufigkeit: 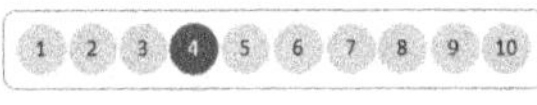

Bedeutung: unzugänglich, geheim, verschlossen

Satz: Viele Staatsdokumente sind für die Bevölkerung arkan.

Fremdwort -Nr.40-

arrivieren

Häufigkeit:

Bedeutung: sozialen/ beruflichen Erfolg haben

Satz: In den vergangenen Jahren hat er sich rasch arriviert.

Fremdwort -Nr.41-

Aspirant

Häufigkeit: 

Bedeutung: Anwärter, Bewerber

Satz: Franz gilt als geeigneter Aspirant für den Job.

Fremdwort -Nr.42-

ästimieren

Häufigkeit: 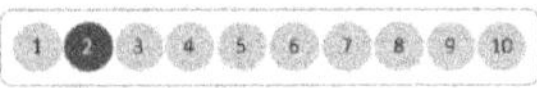

Bedeutung: würdigen, (wert-)schätzen

Satz: Er scheint das Angebot seines Großvaters nicht zu ästimieren.

Fremdwort -Nr.43-

au contraire

Häufigkeit:

Bedeutung: im Gegenteil

Satz: Au contraire, das Gemälde ist äußerst wertvoll.

> **Tipp:** Der Ausdruck „au contraire" stammt aus dem Französischen.

Fremdwort -Nr.44-

autodidaktisch

Häufigkeit: 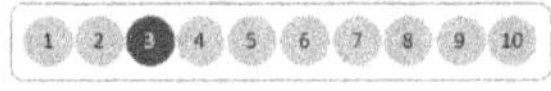

Bedeutung: den Selbstunterricht betreffend

Satz: Sie ereignete sich die spanischen Vokabeln autodidaktisch an.

Fremdwörter - Anfangsbuchstabe: B

Fremdwort -Nr.45-

bagatellisieren

Häufigkeit:

Bedeutung: etwas als unbedeutend, geringfügig, nicht wichtig darstellen, etwas herunterspielen

Satz: Herbert bagatellisierte seine Kopfverletzung.

Gegenteil: übertreiben

Fremdwort -Nr.46-

barbieren

Häufigkeit: 

Bedeutung: die Barthaare rasieren, entfernen

Satz: Jeden Samstagmorgen lässt er sich in einem Salon barbieren.

> **Tipp:** Die Person, die den Bart rasiert, wird „Barbier" genannt.

Fremdwort -Nr.47-

barometrisch

Häufigkeit: 

Bedeutung: das Barometer/die Luftdruckmessung betreffend

Satz: Über Nordeuropa befindet sich aktuell ein barometrisches Minimum.

Fremdwort -Nr.48-

beargwöhnen

Häufigkeit:

Bedeutung: misstrauen, skeptisch sein, in Verdacht haben

Satz: Zum Zeitpunkt des Verhörs fühlte sich Jens von den Polizisten beargwöhnt.

Fremdwort -Nr.49-

bemänteln

Häufigkeit: 

Bedeutung: schönreden, verharmlosen, kleinreden

Satz: Nach dem Interview versuchte der Politiker seinen Versprecher zu bemänteln.

Fremdwort -Nr.50-

betören

Häufigkeit: 

Bedeutung: faszinieren, bezirzen, verliebt machen

Satz: Die Sekretärin versuchte aktiv ihren Chef zu betören.

Fremdwort -Nr.51-

biblioman

Häufigkeit: 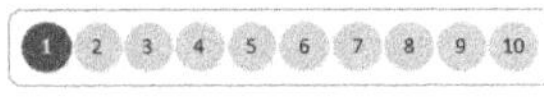

Bedeutung: (krankhaft) Bücher liebend, leidenschaftlich Bücher sammelnd

Satz: Der Literaturprofessor charakterisierte sich gewiss als Bibliomane.

Fremdwort -Nr.52-

bramarbasieren

Häufigkeit: 1 2 3 4 5 6 7 8 9 10

Bedeutung: prahlen, aufplustern, aufschneiden

Satz: Nach einem Sieg begann der Star-Spieler stets zu bramarbasieren.

Fremdwort -Nr.53-

Buhle

Häufigkeit: 

Bedeutung: Liebhaber, Geliebter

Satz: Von Anfang an war ersichtlich, dass es sich um des Fräuleins Buhle handelte.

Fremdwörter - Anfangsbuchstabe: C

Fremdwort -Nr.54-

cäsarisch

Häufigkeit: 

Bedeutung: selbstherrlich, kaiserlich

Satz: Der Kanzler war bekannt für ein cäsarisches Auftreten.

Fremdwort -Nr.55-

cholerisch

Häufigkeit: 

Bedeutung: aufbrausend, hitzköpfig, (leicht) reizbar

Satz: Schon früh in seiner Jugend war Tim durchaus cholerisch.

Fremdwort -Nr.56-

Contenance

Häufigkeit: 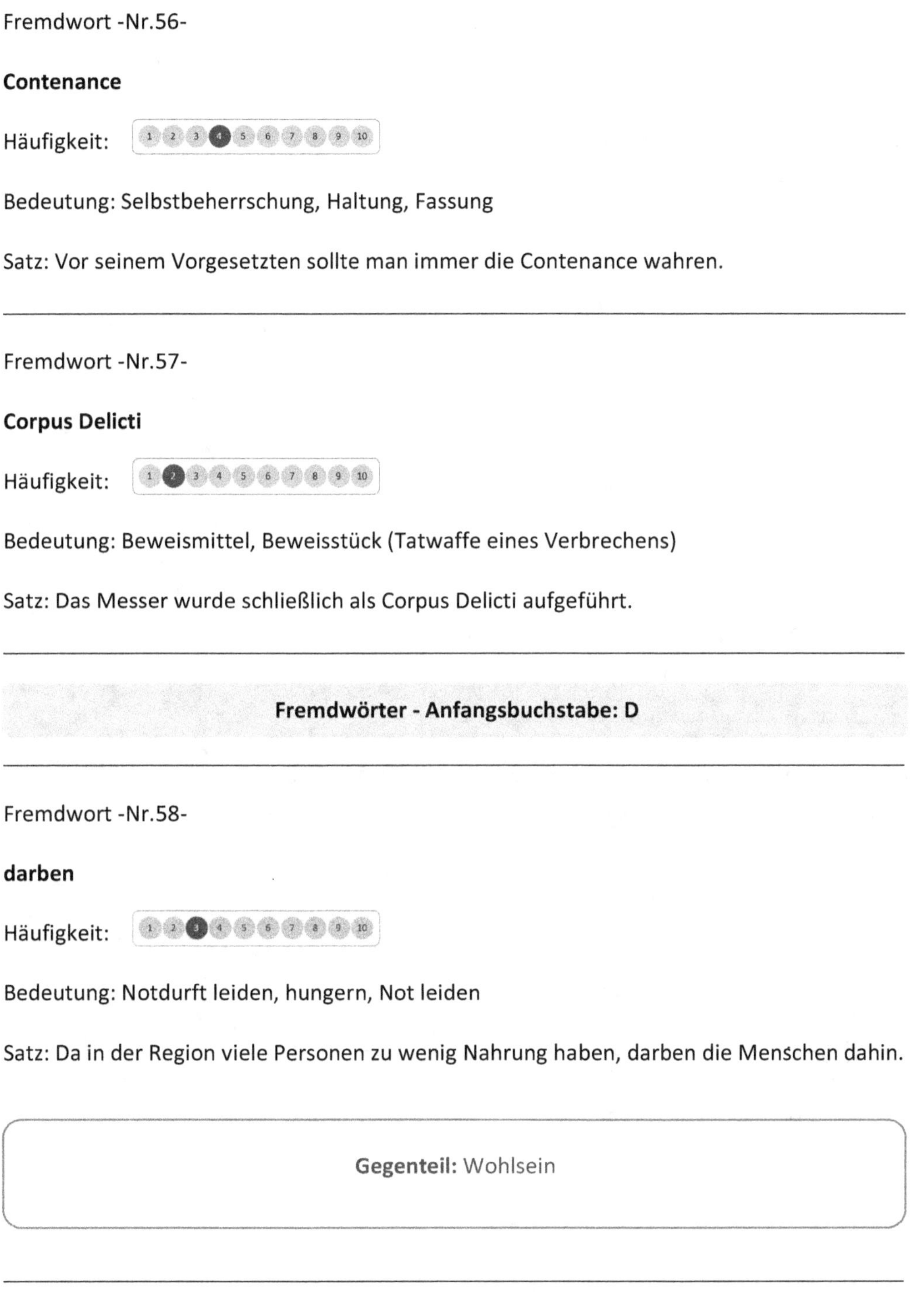

Bedeutung: Selbstbeherrschung, Haltung, Fassung

Satz: Vor seinem Vorgesetzten sollte man immer die Contenance wahren.

Fremdwort -Nr.57-

Corpus Delicti

Häufigkeit:

Bedeutung: Beweismittel, Beweisstück (Tatwaffe eines Verbrechens)

Satz: Das Messer wurde schließlich als Corpus Delicti aufgeführt.

Fremdwörter - Anfangsbuchstabe: D

Fremdwort -Nr.58-

darben

Häufigkeit:

Bedeutung: Notdurft leiden, hungern, Not leiden

Satz: Da in der Region viele Personen zu wenig Nahrung haben, darben die Menschen dahin.

> **Gegenteil:** Wohlsein

Fremdwort -Nr.59-

Dedikation

Häufigkeit: 

Bedeutung: Zuneigung, Widmung

Satz: In Büchern ist auf den ersten Seiten nicht selten eine Dedikation des Autors zu finden.

> **Gegenteil:** Supplikation
>
> **Tipp:** Der englische Ausdruck für Zuneigung ist „dedication".

Fremdwort -Nr.60-

Defätismus

Häufigkeit:

Bedeutung: mutlose/ pessimistische Haltung

Satz: Nach dem dritten Gegentor breitete sich in der gesamten Mannschaft Defätismus aus.

Fremdwort -Nr.61-

degoutant

Häufigkeit:

Bedeutung: scheußlich, ekelhaft, abstoßend, widerlich

Satz: Martins Äußerung während des Essens war unpassend und degoutant.

> **Gegenteil:** appetitlich

Fremdwort -Nr.62-

delektieren

Häufigkeit: 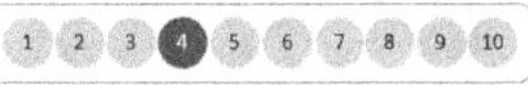

Bedeutung: gütlich tun, ergötzen, erfreuen

Satz: Fabian delektierte seine Eltern mit seinem ausgezeichneten Zeugnis.

Fremdwort -Nr.63-

delinquent

Häufigkeit: 

Bedeutung: verbrecherisch, straffällig

Satz: Schon im Jugendalter entwickelte sich bei ihm ein delinquentes Verhalten.

Fremdwort -Nr.64-

demagogisch

Häufigkeit: 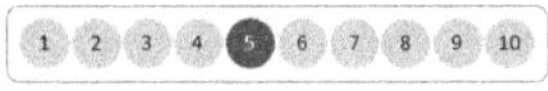

Bedeutung: hetzerisch, aufwiegelnd

Satz: Der Diktator war bekannt für seine demagogischen Reden.

Fremdwort -Nr.65-

derangieren

Häufigkeit: 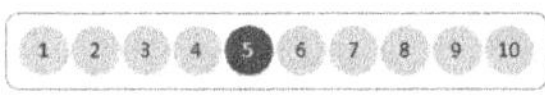

Bedeutung: verwirren, durcheinanderbringen, stören

Satz: Nach dem Karussell kam sie völlig derangiert zu ihrer Freundin zurück.

Fremdwort -Nr.66-

desavouieren

Häufigkeit: 

Bedeutung: brüskieren, herabwürdigen, blamieren, bloßstellen

Satz: Heidi desavouierte ihre Tochter vor ihren Freunden.

Fremdwort -Nr.67-

desiderat

Häufigkeit: 

Bedeutung: erforderlich, (dringend) notwendig

Satz: Für die Lösung des Verfahrens waren Zeugenaussagen desiderat.

Fremdwort -Nr.68-

dezidieren

Häufigkeit: 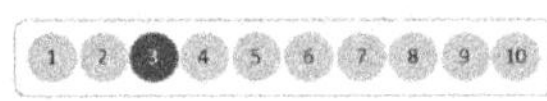

Bedeutung: bestimmen, eine Entscheidung fällen

Satz: Die Feldherr dezidierte über das Schicksal der Gefangenen.

Fremdwort -Nr.69-

Diaspora

Häufigkeit:

Bedeutung: Gebiet, in dem eine nationale oder konfessionelle Minderheit sesshaft ist

Satz: Die Familie ist in der Diaspora beheimatet.

Fremdwort -Nr.70-

diffamieren

Häufigkeit: 

Bedeutung: jemanden in Verruf bringen, verleumden, jemandes Ansehen schaden

Satz: Nach seiner Untreue wurde er von ihrer gesamten Familie diffamiert.

Fremdwort -Nr.71-

Dilettant

Häufigkeit: 

Bedeutung: Nichtfachmann, Amateur, Stümper, Laie

Satz: Der Bau der Kiste war sichtlich das Werk eines Dilettanten.

> **Gegenteil:** Profi, Fachmann, Experte

Fremdwort -Nr.72-

Direktive

Häufigkeit:

Bedeutung: Befehl, Anweisung, Anordnung

Satz: Die Direktive lautete die Katze unbeschadet vom Baum zu holen.

Fremdwort -Nr.73-

diskreditieren

Häufigkeit: 1 2 3 4 **5** 6 7 8 9 10

Bedeutung: in Verruf bringen, jemandes Ansehen schaden

Satz: Der Schüler wurde als Dieb diskreditiert.

Fremdwort -Nr.74-

dispensieren

Häufigkeit: 1 2 **3** 4 5 6 7 8 9 10

Bedeutung: entpflichten, freistellen, entbinden

Satz: Nach dem Vorfall wurde Benedikt vom Dienst dispensiert.

> **Gegenteil:** verpflichten

Fremdwort -Nr.75-

disponibel

Häufigkeit: 1 2 **3** 4 5 6 7 8 9 10

Bedeutung: (sofort) verfügbar

Satz: Das Auto ist den ganzen Tag disponibel.

> **Gegenteil:** indisponibel

Fremdwort -Nr.76-

Dissens

Häufigkeit: 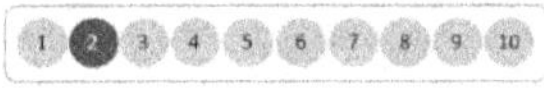

Bedeutung: unterschiedliche Meinung/Auffassung

Satz: Der Dissens zwischen den Geschiedenen ist unübersehbar.

Gegenteil: Konsens

Fremdwort -Nr.77-

dissolut

Häufigkeit: 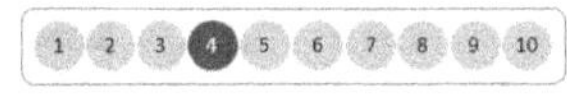

Bedeutung: haltlos, zügellos

Satz: Der Vorwurf ist dissolut, da er vollkommen unbegründet ist.

Fremdwort -Nr.78-

distinguieren

Häufigkeit:

Bedeutung: in spezieller Weise abheben, unterschieden

Satz: Die Zwillinge distinguieren sich durch ihre Haarfarben.

Fremdwort -Nr.79-

dithyrambisch

Häufigkeit: 

Bedeutung: begeistert, überschwänglich

Satz: Die dithyrambische Grabrede verwunderte die Trauernden.

Fremdwort -Nr.80-

dolorös

Häufigkeit: 

Bedeutung: schmerzerfüllt, schmerzhaft

Satz: Die nächtliche Begegnung mit dem Bär war für den Wolf dolorös.

Fremdwort -Nr.81-

Dotation

Häufigkeit:

Bedeutung: Materielle/ finanzielle Zuwendung, Schenkung

Satz: Durch das unerwartet positive Ergebnis gab es eine großzügige Dotation.

Fremdwort -Nr.82-

dualistisch

Häufigkeit: 1 2 **3** 4 5 6 7 8 9 10

Bedeutung: gegensätzlich, zwiespältig

Satz: Die Schwestern hatten nach dem Streit über Jahre hinweg ein dualistisches Verhältnis.

> **Tipp:** „Dual" stammt aus dem Lateinischen und bedeutet „zwei enthaltend".

Fremdwort -Nr.83-

Duktus

Häufigkeit: 1 2 3 **4** 5 6 7 8 9 10

Bedeutung: Stil, Ausdruck

Satz: Bereits der Duktus gab Aufschluss über den Autoren.

Fremdwort -Nr.84-

dünkelhaft

Häufigkeit: 1 2 **3** 4 5 6 7 8 9 10

Bedeutung: mit Arroganz und Hochmut, eingebildet, überheblich

Satz: Arthur ist nach seinem beruflichen Erfolg überaus dünkelhaft.

> **Gegenteil:** zurückhaltend, bescheiden

Fremdwort -Nr.85-

durabel

Häufigkeit: 

Bedeutung: haltbar, dauerhaft

Satz: Das Zusammenarbeit erwies sich als durabel.

Fremdwort -Nr.86-

Egomane

Häufigkeit: 

Bedeutung: eine (krankhaft) selbstbezogene Person

Satz: Als Egomane sucht er stets nach Lob und Anerkennung.

Fremdwort -Nr.87-

eilfertig

Häufigkeit:

Bedeutung: vorschnell, übereilig

Satz: Seine Mutter sah ein, dass der Hausarrest eilfertig ausgesprochen wurde.

Fremdwort -Nr.88-

einbegreifen

Häufigkeit: 

Bedeutung: einschließen, einbeziehen

Satz: Um die Verhandlung abzuschließen musste der Prokurist einbegriffen werden.

Fremdwort -Nr.89-

einhellig

Häufigkeit: 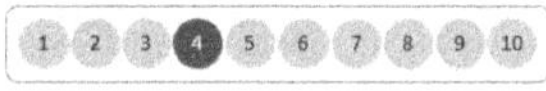

Bedeutung: ohne Gegenstimmen, einstimmig

Satz: Der Umzugsdatum wurde einhellig festgelegt.

Fremdwort -Nr.90-

einmütig

Häufigkeit: 

Bedeutung: völlig gleich/ übereinstimmend

Satz: Die Geschäftspartner zeigten sich hinsichtlich einer Fusion einmütig.

Fremdwort -Nr.91-

einstweilen

Häufigkeit:

Bedeutung: bis auf Weiteres, zunächst einmal, fürs Erste

Satz: Den Soldaten blieb einstweilen nur das Abwarten übrig.

Fremdwort -Nr.92-

eklektisch

Häufigkeit: 

Bedeutung: nachahmend, imitierend, unschöpferisch

Satz: Das Werk war eklektisch.

Fremdwort -Nr.93-

elaboriert

Häufigkeit: 

Bedeutung: hoch differenziert, sorgfältig herausgebildet

Satz: Sein Großvater wies ihn an sich einer elaborierteren Sprache zu bedienen.

Fremdwort -Nr.94-

Eloge

Häufigkeit:

Bedeutung: Lob in übertriebener Form

Satz: Der Lehrer stimmte erneut eine Eloge auf seinen Lieblingsschüler an.

> **Gegenteil:** Schmähung, Schmährede

Fremdwort -Nr.95-

emblematisch

Häufigkeit: 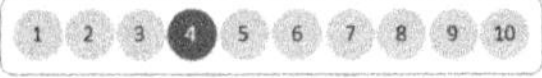

Bedeutung: metaphorisch, sinnbildlich

Satz: Das Gemälde wurde als sehr emblematisch empfunden.

> **Gegenteil:** realistisch, beschreibend
>
> **Tipp:** Ein „Emblem" ist ein Wahrzeichen/ Symbol/ Sinnbild.

Fremdwort -Nr.96-

entschlagen

Häufigkeit: 

Bedeutung: sich losmachen/ loslösen, innerlich von etwas frei machen

Satz: Für seine neue Arbeit versuchte er sich von negativen Gedanken zu entschlagen.

Fremdwort -Nr.97-

ephemer

Häufigkeit:

Bedeutung: flüchtig, nur kurz bestehend, kurzlebig, ohne bleibende Bedeutung

Satz: Durch den Salat hielt das Sättigungsgefühl ephemer an.

Fremdwort -Nr.98-

Epiphanie

Häufigkeit: 1 2 3 **4** 5 6 7 8 9 10

Bedeutung: Selbstoffenbarung/ Erscheinung einer Gottheit unter Menschen

Satz: So behaupteten vielerlei Menschen eine Epiphanie erlebt zu haben.

Fremdwort -Nr.99-

Epitaph

Häufigkeit: 1 2 **3** 4 5 6 7 8 9 10

Bedeutung: Grabinschrift

Satz: Für seinen Grabstein wünschte sich der alte Mann ein ganz besonderes Epitaph.

Fremdwort -Nr.100-

Eremit

Häufigkeit: 1 2 3 4 **5** 6 7 8 9 10

Bedeutung: Einsiedler, Anachoret, Klausner

Satz: Aus persönlichen Gründen entschied sich das Paar für ein Leben als Eremiten.

> **Gegenteil:** Zönobit

Fremdwort -Nr.101-

erfrechen

Häufigkeit: 

Bedeutung: erkühnen, sich erdreisten, herausnehmen

Satz: Sie erfrechte sich ein wahres Wort auszusprechen.

Fremdwort -Nr.102-

ergötzen

Häufigkeit: 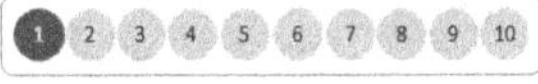

Bedeutung: jemandem Spaß/ Vergnügen bereiten, amüsieren

Satz: Das Feuerwerk ergötze die drei Freunde.

Fremdwort -Nr.103-

Erotomanie

Häufigkeit:

Bedeutung: hypersexuell, übersteigertes sexuelles Verlangen

Satz: Beim Arzt wurde schließlich Erotomanie diagnostiziert.

Fremdwort -Nr.104-

erquicklich

Häufigkeit: 1 2 3 4 **5** 6 7 8 9 10

Bedeutung: erfreulich, anregend, angenehm

Satz: Die Wiederkehr des Vaters war für den Jungen ein erquickliches Ereignis.

> **Gegenteil:** unerquicklich, unangenehm, unerfreulich

Fremdwort -Nr.105-

erratisch

Häufigkeit: 1 2 3 **4** 5 6 7 8 9 10

Bedeutung: verstreut, verirrt, weit weg vom Ursprung

Satz: Die Äpfel lagen erratisch auf dem Boden.

Fremdwort -Nr.106-

ersprießlich

Häufigkeit: 1 2 **3** 4 5 6 7 8 9 10

Bedeutung: ertragreich, Nutzen bringend, gedeihlich, fruchtbar

Satz: Die Kollaboration war für beide Parteien durchaus ersprießlich.

> **Gegenteil:** unersprießlich

Fremdwort -Nr.107-

eskapistisch

Häufigkeit: 

Bedeutung: vor der Wirklichkeit/ Realität flüchtend

Satz: Durch den Tod seines besten Freundes entwickelte Jochen eskapistische Gedanken.

Fremdwort -Nr.108-

Euphemismus

Häufigkeit: 

Bedeutung: Hüllwort, Beschönigung, positive Umschreibung

Satz: Der Begriff „Einschläfern" ist ein häufig genutzter Euphemismus für das Töten von Tieren durch Schlafmittel.

Fremdwort -Nr.109-

evozieren

Häufigkeit: 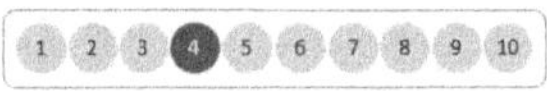

Bedeutung: bewirken, heraufbeschwören, hervorrufen

Satz: Der Streit wurde durch mehrere Anspielungen evoziert.

Fremdwort -Nr.110-

exaltieren

Häufigkeit: 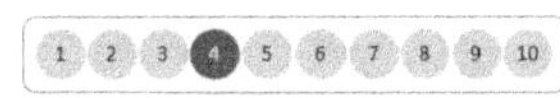

Bedeutung: übertrieben/ künstlich aufregen

Satz: Die Pflegerin exaltierte sich über den alten Mann.

Fremdwort -Nr.111-

exhaustiv

Häufigkeit: 

Bedeutung: lückenlos, vollständig, erschöpfend

Satz: Die Wandertour forderte das alte Ehepaar exhaustiv.

Fremdwort -Nr.112-

exilieren

Häufigkeit:

Bedeutung: verbannen, ausweisen, ins Exil schicken

Satz: Daraufhin wurde der König exiliert.

Fremdwort -Nr.113-

Expletiv

Häufigkeit: 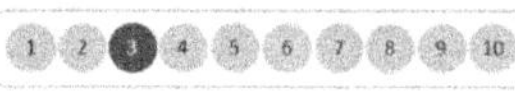

Bedeutung: ein entbehrliches/überflüssiges Wort

Satz: In der Frage „Hat er wohl Zeit?" ist das Wort „wohl" nicht unbedingt notwendig und gilt daher als Expletiv.

Fremdwort -Nr.114-

exploratorisch

Häufigkeit:

Bedeutung: erkundend, ausforschend

Satz: So begab sich der Kapitän auf eine exploratorische Mission.

Fremdwort -Nr.115-

Faible

Häufigkeit: 

Bedeutung: Schwäche, Vorliebe, Neigung

Satz: Opa Karl hatte ein Faible für alte Sportwagen.

Tipp: Der Ausdruck „Faible" stammt aus dem Französischen.

Fremdwort -Nr.116-

Faksimile

Häufigkeit:

Bedeutung: Reprint, Nachdruck

Satz: Bei dem Dokument handelt es sich um ein Faksimile.

Fremdwort -Nr.117-

fatalistisch

Häufigkeit:

Bedeutung: schicksalsergeben, schicksalsgläubig

Satz: Sebastian ist ein Schicksalsgläubiger, agiert fatalistisch und hofft auf sein Glück.

Fremdwort -Nr.118-

Fatum

Häufigkeit: 

Bedeutung: Verhängnis, Schicksal

Satz: Das Team erwartet ein unausweichliches Fatum.

Fremdwort -Nr.119-

faustisch

Häufigkeit: 

Bedeutung: nach neuem Wissen/ neuen Erkenntnissen strebend

Satz: Der Forscher war für sein faustisches Streben bekannt.

Fremdwort -Nr.120-

figurativ

Häufigkeit: 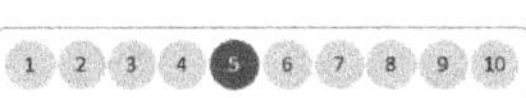

Bedeutung: figürlich, abgebildet, im bildlichen Sinne

Satz: Die Erklärung des Dozenten war figurativ.

Fremdwort -Nr.121-

Finesse

Häufigkeit:

Bedeutung: Trick, Schlauheit, Kunstgriff

Satz: Im Schachspiel beherrscht Hubert sämtliche Finessen.

Fremdwort -Nr.122-

Finis

Häufigkeit: 

Bedeutung: Ende, Schluss, Äußerstes

Satz: Die Verbeugung der Schauspieler war als Finis zu verstehen.

> **Tipp:** Der französische Ausdruck für „Ende" ist „fin".

Fremdwort -Nr.123-

Firmament

Häufigkeit: 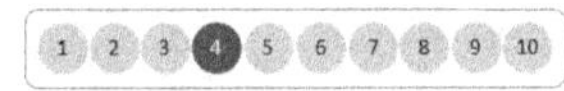

Bedeutung: Himmelsgewölbe, Himmel

Satz: Sie blickte in das Firmament und konnte das Leuchten der Sterne entdecken.

Fremdwort -Nr.124-

frappant

Häufigkeit:

Bedeutung: auffallend, überraschend, verblüffend, erstaunlich

Satz: Das Muster des Teppichs hatte frappante Ähnlichkeit mit der Tapete.

Fremdwort -Nr.125-

Freveltat

Häufigkeit:

Bedeutung: Übeltat, Verbrechen, Straftat, Unrecht, Missetat

Satz: Die Freveltat des Königs wurde erst nach geraumer Zeit bekannt.

Fremdwort -Nr.126-

Gefilde

Häufigkeit: 

Bedeutung: Gegend, Landschaft

Satz: Das Schloss umgab ein anmutiges Gefilde.

Fremdwort -Nr.127-

geifern

Häufigkeit:

Bedeutung: wütende, gehässige Worte ausstoßen

Satz: Der Feldherr eröffnete seine Ansprache, indem er gegen die Feinde geiferte.

Fremdwort -Nr.128-

Genozid

Häufigkeit: 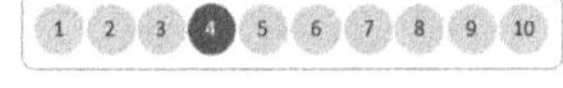

Bedeutung: Massenmord, Völkermord

Satz: Der Holocaust ist ein Beispiel für einen Genozid.

Fremdwort -Nr.129-

genuin

Häufigkeit: 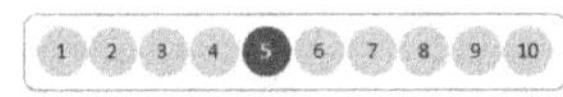

Bedeutung: naturgemäß, angeboren, authentisch, echt, unverfälscht

Satz: Sein Interesse an der Mathematik kann als genuin bezeichnet werden.

> **Gegenteil:** erworben
>
> **Tipp:** Der englische Ausdruck für authentisch/ unverfälscht ist „genuine".

Fremdwort -Nr.130-

Gepflogenheit

Häufigkeit:

Bedeutung: Gewohnheit, Sitte, Brauch

Satz: Der Verzehr von Fisch am Karfreitag ist eine Gepflogenheit.

Fremdwort -Nr.131-

gerieren

Häufigkeit: 

Bedeutung: sich verhalten/ aufführen, auf eine bestimmte Weise auftreten

Satz: Moritz geriert sich seit Wochen so, als habe er die Meisterschaft bereits gewonnen.

Fremdwort -Nr.132-

geziemend

Häufigkeit:

Bedeutung: der Höflichkeit entsprechend, taktvoll, den Sitten des Anstands entsprechend

Satz: Er überbrachte ihr die Botschaft in geziemter Weise.

Fremdwort -Nr.133-

gigantesk

Häufigkeit:

Bedeutung: maßlos, ins Maßlose/ Riesenhafte übersteigert

Satz: Seine Aussage war eine giganteske Anmaßung.

Fremdwort -Nr.134-

goutieren

Häufigkeit: 

Bedeutung: an jemandem oder etwas Gefallen finden

Satz: Sie konnte das Theaterstück nicht wirklich goutieren.

> **Gegenteil:** verabscheuen, degoutieren

Fremdwort -Nr.135-

gradieren

Häufigkeit: 

Bedeutung: auf einen höheren Grad bringen, verstärken

Satz: Für diese Aufgabe musste sich Norbert seines ganzen Mutes gradieren.

Fremdwort -Nr.136-

grazil

Häufigkeit:

Bedeutung: schlank, fein, zierlich, schmächtig, zart gebaut

Satz: Die Tänzerin hatte eine grazile Figur.

> **Gegenteil:** plump, groß, dick
>
> **Tipp:** „Grazil" stammt vom französischen Wort „gracile".

Fremdwort -Nr.137-

gütlich

Häufigkeit: 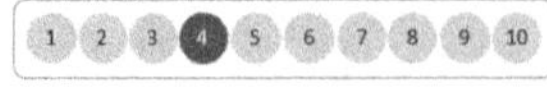

Bedeutung: sich einigend, ohne Streit, versöhnlich, einvernehmlich

Satz: Die ehemaligen Partner kamen zu einer gütlichen Einigung.

> **Gegenteil:** streitend, nachtragend

Fremdwort -Nr.138-

gutsagen

Häufigkeit: 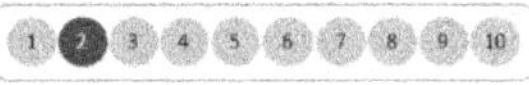

Bedeutung: (sich) verbürgen, bürgen

Satz: Die Eltern sagten die Gründlichkeit der Tochter gut.

Fremdwörter - Anfangsbuchstabe: H

Fremdwort -Nr.139-

habelos

Häufigkeit: 

Bedeutung: arm, vermögenslos, eigentumslos, besitzlos

Satz: Der starke Sturm machte viele Menschen habelos.

Fremdwort -Nr.140-

Habitat

Häufigkeit: 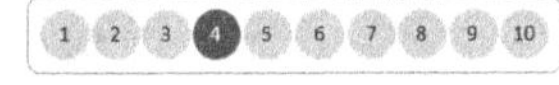

Bedeutung: Wohnstätte, Lebensraum

Satz: Der Baum war das Habitat der Vögel.

Fremdwort -Nr.141-

Häresie

Häufigkeit: 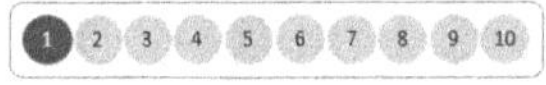

Bedeutung: verdammenswerte Meinung, Ketzerei

Satz: Seine Rede wurde als Häresie deklariert.

Fremdwort -Nr.142-

hasardieren

Häufigkeit: 

Bedeutung: wagen, sein Glück/ alles aufs Spiel setzen

Satz: Als Kapitän des Schiffs hat er zu viel hasardiert.

Fremdwort -Nr.143-

hehr

Häufigkeit:

Bedeutung: Ehrfurcht einflößend, durch Erhabenheit/ Großartigkeit beeindruckend

Satz: Die Geburt seines Sohnes war für Lothar ein hehrer Moment.

Fremdwort -Nr.144-

hochherzig

Häufigkeit: 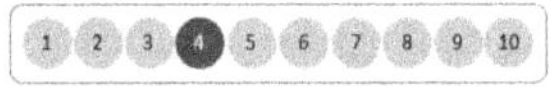

Bedeutung: edelmütig, nobel, großmütig, generös, edel

Satz: Der Ritter war als hochherzige Persönlichkeit bekannt.

Gegenteil: kleinlich

Fremdwort -Nr.145-

Hybris

Häufigkeit: 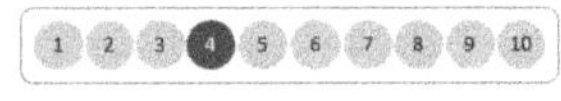

Bedeutung: unangemessener Stolz, Überheblichkeit, Hochmuth

Satz: Aufgrund seiner Hybris hatte er die Niederlage nicht kommen sehen.

Fremdwort -Nr.146-

hypertroph

Häufigkeit:

Bedeutung: übermäßig, vergrößert, übersteigert

Satz: Der Sportler verfügt über hypertrophe Muskeln.

Fremdwort -Nr.147-

Hypochonder

Häufigkeit: 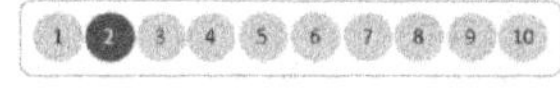

Bedeutung: jemand, der sich einbildet, krank zu sein

Satz: Durch Hypochonder fallen jährlich hohe Kosten für das Gesundheitssystem an.

Fremdwort -Nr.148-

Hypomanie

Häufigkeit: 

Bedeutung: heitere, gehobene Stimmungslage, optional im Wechsel mit depressiven Stimmungen

Satz: Im Freundeskreis ist Sara für ihre Hypomanie bekannt.

Fremdwort -Nr.149-

hypostasieren

Häufigkeit:

Bedeutung: als gegenständlich betrachten, vergegenständlichen, verdinglichen

Satz: Schließlich wurde die Idee hypostasiert.

ALBRECHT VAN ANDERS

Fremdwort -Nr.150-

idealiter

Häufigkeit: 

Bedeutung: bestenfalls, idealerweise, im Idealfall, im besten Falle

Satz: Idealiter wird das Spiel ohne Verlängerung beendet.

Gegenteil: schlechtestenfalls

Fremdwort -Nr.151-

Idyllik

Häufigkeit: 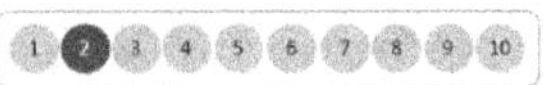

Bedeutung: paradiesischer, friedlicher, idyllischer, beschaulicher Zustand

Satz: Die Idyllik des Sonnenuntergangs ist atemberaubend.

Fremdwort -Nr.152-

ikonisch

Häufigkeit: 

Bedeutung: anschaulich, bildhaft

Satz: Die Darstellung wurde ikonisch verwirklicht.

Fremdwort -Nr.153-

illegitim

Häufigkeit: ① ② ③ ④ ⑤ ⑥ ⑦ ⑧ ⑨ ⑩

Bedeutung: widerrechtlich, gesetzwidrig, im Widerspruch zur Rechtsordnung stehend, unrechtmäßig

Satz: In einigen Bereichen handelte der Vorstand illegitim.

Gegenteil: legitim

Fremdwort -Nr.154-

illiberal

Häufigkeit: ① ② ③ ④ ⑤ ⑥ ⑦ ⑧ ⑨ ⑩

Bedeutung: engherzig, nicht liberal, unduldsam

Satz: Sein Verhalten kann mit illiberal beschrieben werden.

Gegenteil: liberal

Fremdwort -Nr.155-

illiterat

Häufigkeit: ① ② ③ ④ ⑤ ⑥ ⑦ ⑧ ⑨ ⑩

Bedeutung: nicht wissenschaftlich gebildet, ungelehrt

Satz: Für die Position des Vorstandsvorsitzenden ist eine illiterate Person vonnöten.

Fremdwort -Nr.156-

illuster

Häufigkeit: 

Bedeutung: Respekt verlangend, Bewunderung hervorrufend, vornehm

Satz: Illustere Urlaube wurden durch die Finanzkrise plötzlich erschwinglich gemacht.

Fremdwort -Nr.157-

Immortalität

Häufigkeit:

Bedeutung: Unvergänglichkeit, Unsterblichkeit

Satz: Durch seine Errungenschaften erreichte der Feldherr Immortalität in der Historie.

> **Gegenteil:** Sterblichkeit, Mortalität, Vergänglichkeit
>
> **Tipp:** „Immortality" bedeutet „Unsterblichkeit" auf Englisch.

Fremdwort -Nr.158-

Imparität

Häufigkeit:

Bedeutung: Ungleichheit

Satz: Imparität zwischen den Geschwistern führte zu starken Spannungen.

Fremdwort -Nr.159-

imperativisch

Häufigkeit: 1 **2** 3 4 5 6 7 8 9 10

Bedeutung: fordernd, befehlend

Satz: Die Antwort seines Vaters verstand sich als imperativische Anordnung.

Fremdwort -Nr.160-

Impetus

Häufigkeit: 1 2 **3** 4 5 6 7 8 9 10

Bedeutung: Antrieb, Anstoß, Impuls, Anregung

Satz: Offensichtlich mangelt es ihm an Impetus, da er immer schlecht gelaunt ist.

> **Gegenteil:** Trägheit

Fremdwort -Nr.161-

imponderabel

Häufigkeit: 1 **2** 3 4 5 6 7 8 9 10

Bedeutung: unberechenbar, unwägbar, unvorhersehbar

Satz: Die Reaktion des Professors war imponderabel.

Fremdwort -Nr.162-

inadäquat

Häufigkeit: ① ② ③ ④ **⑤** ⑥ ⑦ ⑧ ⑨ ⑩

Bedeutung: unpassend, unangemessen

Satz: Die Sicherung des Systems war leider inadäquat.

> **Gegenteil:** passend, entsprechend, angemessen

Fremdwort -Nr.163-

inakkurat

Häufigkeit: ① **②** ③ ④ ⑤ ⑥ ⑦ ⑧ ⑨ ⑩

Bedeutung: unsorgfältig, nicht akkurat

Satz: Kevins Arbeit war inakkurat und für den Auftraggeber damit nicht zufriedenstellend.

> **Gegenteil:** akkurat

Fremdwort -Nr.164-

inbrünstig

Häufigkeit: 

Bedeutung: passioniert, mit glühendem Verlangen, begeistert, leidenschaftlich

Satz: Das Team sang inbrünstig die Hymne ihres Vereins.

Gegenteil: lasch, unwillig, lau, lustlos, halbherzig

Fremdwort -Nr.165-

indigen

Häufigkeit: 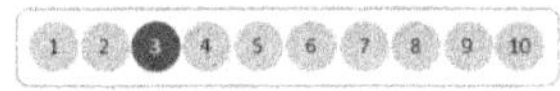

Bedeutung: einheimisch, autochthon, eingeboren

Satz: Die indigenen Menschen wirkten alle sehr freundlich.

Gegenteil: zugezogen, eingewandert

Fremdwort -Nr.166-

indignieren

Häufigkeit:

Bedeutung: unwürdig, Entrüstung hervorrufen

Satz: Durch den Vorschlag wurde die Person indigniert.

ALBRECHT VAN ANDERS

Fremdwort -Nr.167-

indolent

Häufigkeit: 

Bedeutung: schmerzunempfindlich, schmerzfrei, schmerzlos

Satz: Bei der Kritik schien er vollkommen indolent gewesen zu sein.

Fremdwörter - Anfangsbuchstabe: J

Fremdwort -Nr.168-

Jaktation

Häufigkeit: 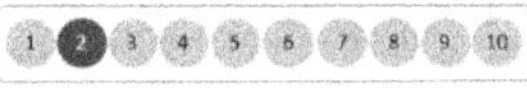

Bedeutung: (krankhafte) Unruhe

Satz: Die Untersuchung ergab, dass sich die Jaktation negativ auf die Laune des Probanden auswirkte.

Fremdwort -Nr.169-

Jour fixe

Häufigkeit: 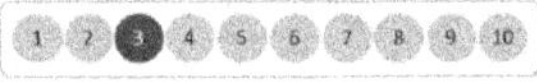

Bedeutung: gemeinsamer Termin einer Gruppe, der wiederkehrend und fest ist

Satz: Jeden Dienstagmorgen treffen sich die Kollegen zum wöchentlichen Jour fixe.

> **Tipp:** Der Ausdruck „Jour fixe" stammt aus dem Französischen und bedeutet wörtlich übersetzt „fester Tag".

Fremdwort -Nr.170-

jovial

Häufigkeit: 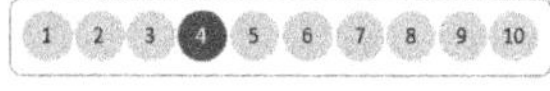

Bedeutung: umgänglich, gönnerhaft, freundlich, entgegenkommend, wohlwollend

Satz: Felix wird von seiner Familie als joviale Person charakterisiert.

Fremdwörter - Anfangsbuchstabe: K

Fremdwort -Nr.171-

Kabale

Häufigkeit: 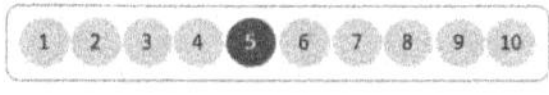

Bedeutung: Machenschaft, Intrige, Ränkespiel, Komplott

Satz: Die Geschäftspartner fielen einer Kabale zum Opfer.

> **Tipp:** Heutzutage ist der Begriff „Kabale" vor allem durch Friedrich Schillers bürgerliches Trauerspiel „Kabale und Liebe" aus dem Jahr 1784 großen Teilen der deutschen Bevölkerung ein Begriff.

Fremdwort -Nr.172-

Kannä

Häufigkeit: 1 2 3 4 5 6 7 8 9 10

Bedeutung: Fehlschlag, Debakel, Reinfall, katastrophale Niederlage

Satz: Von diesem Kannä konnte sich das Reich nicht mehr erholen.

> **Tipp**: Der Begriff „Kannä" stammt aus der Schlacht von Cannae im Jahr 216 v. Chr., in der die zahlenmäßig überlegene römische Armee vom karthagischen Heer unter Hannibal, vernichtend geschlagen wurde.

Fremdwort -Nr.173-

kapriziös

Häufigkeit: 1 2 3 4 5 6 7 8 9 10

Bedeutung: unberechenbar, eigenwillig, launenhaft

Satz: Der kleine Junge konnte nicht alleine gelassen werden, da er überaus kapriziös war.

> **Gegenteil**: berechenbar

Fremdwort -Nr.174-

Karenz

Häufigkeit: 1 2 3 4 5 6 7 8 9 10

Bedeutung: Beurlaubung, Wartezeit, Auszeit, Freistellung

Satz: Sabine geht zwei Jahre auf Karenz, da sie demnächst ein Kind bekommt.

Fremdwort -Nr.175-

klandestin

Häufigkeit: 

Bedeutung: konspirativ, heimlich, versteckt, geheim

Satz: Der Zettel wurde unter der Schulbank klandestin versteckt gehalten.

Gegenteil: öffentlich, demonstrativ, offensichtlich

Fremdwort -Nr.176-

Kleptokratie

Häufigkeit: 

Bedeutung: Herrschaftssystem, in dem Personen mit Machtpositionen korrupt sind und in die eigene Tasche wirtschaften

Satz: Das Herrschaftssystem in Russland war lange Zeit eine Kleptokratie.

Fremdwort -Nr.177-

kompromittieren

Häufigkeit:

Bedeutung: diskreditieren, bloßstellen, vorführen, blamieren, jemanden in Verlegenheit bringen

Satz: Durch das Video wurde Jan vor seiner Familie kompromittiert.

Fremdwort -Nr.178-

Konnotation

Häufigkeit: 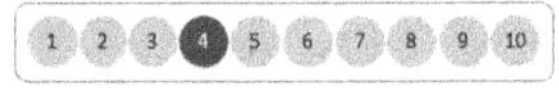

Bedeutung: Nebensinn, Nebenbedeutung, Beiklang

Satz: Zwischen dem einheimischen Wort und dem Anglizismus bestehen unterschiedliche Konnotationen.

Gegenteil: Denotation

Fremdwort -Nr.179-

Konspiration

Häufigkeit:

Bedeutung: Verschwörung, Komplott

Satz: Als Reaktion folgte schnell eine ernstzunehmende Konspiration.

Fremdwort -Nr.180-

konsternieren

Häufigkeit:

Bedeutung: irritieren, aus der Fassung bringen, bestürzen, fassungslos machen

Satz: Sie konsternierte das Publikum durch eine obszöne Geste.

Fremdwort -Nr.181-

kontemplativ

Häufigkeit: 1 2 **3** 4 5 6 7 8 9 10

Bedeutung: untätig, beschaulich, besinnlich

Satz: Der Musiker forderte für seine Ballade ausnahmsweise ein kontemplatives Publikum.

> **Gegenteil:** hektisch, aktiv, unüberlegt, draufgängerisch

---

Fremdwort -Nr.182-

konterkarieren

Häufigkeit: 1 2 **3** 4 5 6 7 8 9 10

Bedeutung: hintertreiben, durchkreuzen, vereiteln

Satz: Die Maßnahme des Bauern wurde durch den König konterkariert.

Fremdwort -Nr.183-

konzedieren

Häufigkeit: 1 2 **3** 4 5 6 7 8 9 10

Bedeutung: einen Anspruch anerkennen, einräumen, zugestehen

Satz: Nach der eindrucksvollen Ansprache muss ich ihm durchaus Sachkenntnis konzedieren.

> **Gegenteil:** abstreiten, verweigern, absprechen

Fremdwort -Nr.184-

Konzilianz

Häufigkeit: 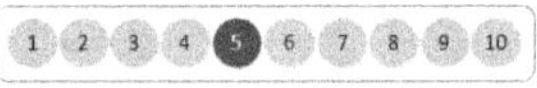

Bedeutung: Verbindlichkeit, Entgegenkommen, Umgänglichkeit, Kulanz

Satz: Berthold erwartete eine Konzilianz.

Gegenteil: Inkonzilianz

Fremdwort -Nr.185-

korrumpieren

Häufigkeit: 

Bedeutung: verderben, bestechen, manipulieren

Satz: Die Verlockung war groß sich korrumpieren lassen.

Fremdwort -Nr.186-

kosmopolitisch

Häufigkeit:

Bedeutung: weltoffen, global, weltbürgerlich, international

Satz: Die Stadt hat viele Touristen, da sie als sehr kosmopolitisch gilt.

Gegenteil: provinziell, nationalistisch, fremdenfeindlich

Fremdwort -Nr.187-

Krux

Häufigkeit: 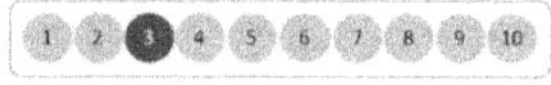

Bedeutung: großes Problem, etwas Quälendes, seelischer Schmerz

Satz: Der Tod des Protagonisten erwies sich als Krux für den Regisseur.

Fremdwort -Nr.188-

kulminieren

Häufigkeit: 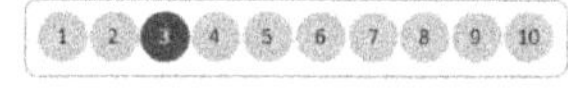

Bedeutung: münden, gipfeln, seinen Höhepunkt finden

Satz: Der fade Geschmack kulminierte im letzten Gang.

Fremdwörter - Anfangsbuchstabe: L

Fremdwort -Nr.189-

Lapsus

Häufigkeit: 

Bedeutung: Fauxpas, Fehler, Versehen

Satz: In der dritten Strophe unterlief ihm ein Lapsus.

Fremdwort -Nr.190-

larmoyant

Häufigkeit: 

Bedeutung: rührselig, weinerlich, mit viel Gefühl und Selbstmitleid, tränenreich, sentimental

Satz: Seine Freunde nahmen ihn als äußerst larmoyant war.

Fremdwort -Nr.191-

lavieren

Häufigkeit: 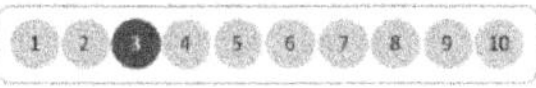

Bedeutung: geschickt/ klug vorgehen, taktieren

Satz: Der Kapitän lavierte den Dampfer durch die raue See.

Fremdwort -Nr.192-

lizitieren

Häufigkeit: 

Bedeutung: ausschreiben, versteigern, auktionieren, anbieten, verhökern

Satz: Günther lizitierte das Ölgemälde seines Großvaters.

Fremdwort -Nr.193-

lombardieren

Häufigkeit:

Bedeutung: verpfänden, beleihen

Satz: In der Regel wird gegen einen Pfandschein lombardiert.

Fremdwort -Nr.194-

Lorbass

Häufigkeit: 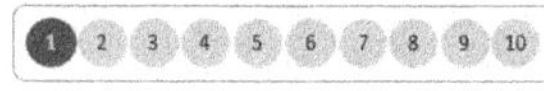

Bedeutung: Taugenichts, Lümmel

Satz: Im Zug begegnete ich dem kleinen Lorbass.

Fremdwort -Nr.195-

Malaise

Häufigkeit: 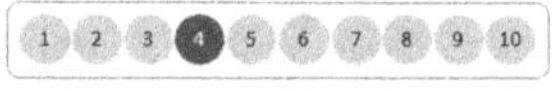

Bedeutung: Misere, Missstimmung, unbefriedigende Situation, Unbehagen

Satz: An seinem Arbeitsplatz erwartete ihn täglich eine Malaise.

> **Gegenteil:** Zuversicht, Frohsinn
>
> **Tipp:** Der Ausdruck „Malaise" stammt aus dem Französischen.

Fremdwort -Nr.196-

Malheur

Häufigkeit: 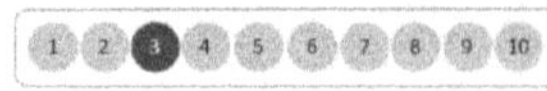

Bedeutung: Unfall, Unglück, Pech, Missgeschick

Satz: Letztes Wochenende widerfuhr Oma ein kleines Malheur.

Gegenteil: Bonheur

Tipp: Der Ausdruck „Malheur" stammt aus dem Französischen.

Fremdwort -Nr.197-

maliziös

Häufigkeit: 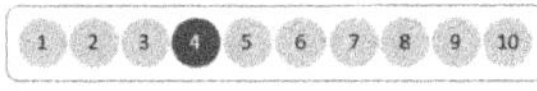

Bedeutung: hämisch, boshaft, giftig

Satz: Die Bemerkung war zutiefst maliziös.

Gegenteil: taktvoll, wohlwollend, nett, gefällig

Fremdwort -Nr.198-

malträtieren

Häufigkeit: 

Bedeutung: misshandeln, schlecht behandeln

Satz: Wenn er seinen Vorgesetzten weiterhin malträtiert wird er wohl bald gekündigt werden.

Fremdwort -Nr.199-

Manie

Häufigkeit: 

Bedeutung: gehobene Stimmung, Selbstüberschätzung, Enthemmung (aufgrund einer affektiven Störung)

Satz: Durch die anhaltende Manie fühlte er sich großartig.

> **Gegenteil:** Dysthymie, Depression

Fremdwort -Nr.200-

Marginalie

Häufigkeit: 

Bedeutung: etwas das nicht der Rede wert/ unbedeutend ist, etwas das lediglich am Rande Beachtung verdient

Satz: Der Seufzer am Ende des Interviews war bloß eine Marginalie.

Fremdwort -Nr.201-

miasmatisch

Häufigkeit: 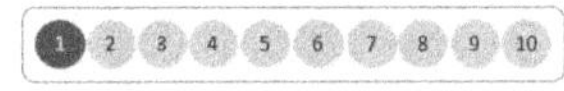

Bedeutung: giftig, ansteckend

Satz: Im medizinischen Kontext gilt der Gedanke als miasmatisch.

Fremdwort -Nr.202-

Misandrie

Häufigkeit: 

Bedeutung: Männerhass

Satz: Frederike ist für ihre Misandrie bekannt.

Gegenteil: Misogynie ist der krankhafte Hass gegenüber Frauen.

Fremdwort -Nr.203-

Misanthropie

Häufigkeit:

Bedeutung: Menschenhass, Menschenfeindlichkeit, Menschenverachtung

Satz: Misanthropie kommt heutzutage glücklicherweise nicht häufig vor.

Gegenteil: Philanthropie

Fremdwort -Nr.204-

mokant

Häufigkeit:

Bedeutung: spöttisch, ironisch, sarkastisch

Satz: Herr Meyer fragte mokant seinen Kollegen, warum er denn immer noch versuchte das Feuer zu entzünden.

Fremdwort -Nr.205-

molestieren

Häufigkeit: 1 **2** 3 4 5 6 7 8 9 10

Bedeutung: belästigen, stören, behelligen, quälen

Satz: Im Urlaub wurde er stets von Fremden molestiert.

Fremdwort -Nr.206-

mon dieu!

Häufigkeit: 1 2 **3** 4 5 6 7 8 9 10

Bedeutung: mein Gott! (auf Französisch)

Satz: Mon dieu! Räume endlich dein Zimmer auf!

Fremdwort -Nr.207-

mondän

Häufigkeit: 1 2 3 **4** 5 6 7 8 9 10

Bedeutung: vornehm, modern, elegant

Satz: Der Kurort gilt als sehr mondän.

Gegenteil: provinziell

Fremdwort -Nr.208-

Myriade

Häufigkeit: 

Bedeutung: unbestimmte Menge/ Zahl

Satz: Am späten Abend stand eine Myriade vor dem brennenden Gebäude.

Fremdwörter - Anfangsbuchstabe: N

Fremdwort -Nr.209-

nektarisch

Häufigkeit:

Bedeutung: göttlich, süß (wie Nektar)

Satz: Das Honigbonbon schmeckte ihr nektarisch.

Fremdwort -Nr.210-

Neologie

Häufigkeit:

Bedeutung: Neuerung (insbesondere auf sprachlichem oder religiösem Gebiet)

Satz: Es konnte als bahnbrechende Neologie der Sprachwissenschaften verstanden werden.

Fremdwort -Nr.211-

Nepotismus

Häufigkeit: 1 2 3 **4** 5 6 7 8 9 10

Bedeutung: Günstlingswirtschaft, Vetternwirtschaft, Freunderlwirtschaft

Satz: Der Staat betrieb Nepotismus, weshalb Paul schnell befördert wurde.

Fremdwort -Nr.212-

neuralgisch

Häufigkeit: 1 2 3 4 **5** 6 7 8 9 10

Bedeutung: kritisch, heikel, Spannungen verursachend, problematisch

Satz: Besonders im Arm hatte er neuralgische Schmerzen.

Fremdwort -Nr.213-

neuronal

Häufigkeit: 1 2 3 **4** 5 6 7 8 9 10

Bedeutung: nervlich

Satz: Das moderne neuronale Netz hat die Fähigkeit Anzeichen für Herzinfarkte zu erkennen.

> **Tipp:** Ein „Neuron" ist eine Zelle im Nervensystem.

Fremdwort -Nr.214-

nivellieren

Häufigkeit: 

Bedeutung: gleichmachen, glätten, ebnen, Unterschiede beseitigen

Satz: Durch den Diebstahl von Karls Handy hatte er das Stehlen von Steffens Geldbörse nivelliert.

Fremdwörter - Anfangsbuchstabe: O

Fremdwort -Nr.215-

Odium

Häufigkeit: 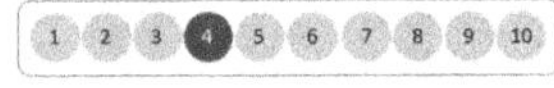

Bedeutung: übler Beigeschmack, Anrüchigkeit, Makel, Geruch

Satz: Durch die Fusion der Unternehmen war das Odium der beiden Geschäftsführer weitgehend vergessen.

Fremdwort -Nr.216-

oktroyieren

Häufigkeit: 

Bedeutung: aufnötigen, diktieren, aufdrängen, aufzwingen

Satz: Der Familienname wurde ihr oktroyiert.

Fremdwort -Nr.217-

Okzident

Häufigkeit: 

Bedeutung: Westliche Welt, Abendland, Westen, Europa

Satz: Diese Ideen prägten den Okzident über Jahrhunderte.

Gegenteil: Morgenland, Orient

Fremdwort -Nr.218-

olfaktorisch

Häufigkeit:

Bedeutung: den Geruchssinn betreffend

Satz: Unter olfaktorischen Gesichtspunkten war der Hund nicht sehr zuverlässig.

Gegenteil: auditiv, visuell, haptisch, akustisch, taktil

Fremdwort -Nr.219-

Opazität

Häufigkeit: 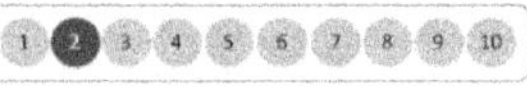

Bedeutung: lichtundurchlässig, Getrübtheit, Licht undurchdringlich, Undurchsichtigkeit

Satz: In der drucktechnischen Wirklichkeit sind beliebig hohe Opazitäten kaum zu erzielen.

> **Gegenteil:** Transparenz, Ungetrübtheit, Durchsichtigkeit

---

Fremdwort -Nr.220-

opprimieren

Häufigkeit: 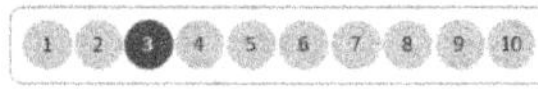

Bedeutung: überwältigen, bedrücken

Satz: Der Applaus des Publikums war opprimierend.

Fremdwort -Nr.221-

ostentativ

Häufigkeit:

Bedeutung: bewusst, absichtlich, betont, demonstrativ

Satz: Daraufhin verließ Thomas ostentativ das Gebäude.

> **Gegenteil:** versteckt, unauffällig

Fremdwort -Nr.222-

Ovation

Häufigkeit: 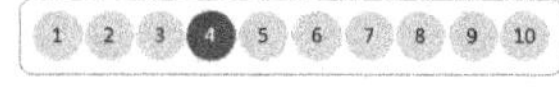

Bedeutung: tosender Applaus, starker Beifall, Beifallsturm

Satz: Für ihre Rede erhielt sie stehende Ovationen.

Fremdwörter - Anfangsbuchstabe: P

Fremdwort -Nr.223-

paraphieren

Häufigkeit: 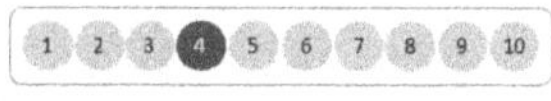

Bedeutung: abzeichnen, etwas unterzeichnen, ein Dokument mit Paraphe (Namenszeichen, Namenszug) versehen

Satz: Der Vertrag war bereits im Januar 1987 von seinem Großvater paraphiert worden.

Fremdwort -Nr.224-

Paria

Häufigkeit: 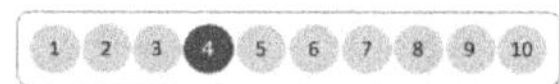

Bedeutung: Ausgestoßener, Außenseiter

Satz: Sie behandelten ihn, als wäre er ein Paria.

Fremdwort -Nr.225-

parlieren

Häufigkeit: 

Bedeutung: plaudern, konversieren, schwatzen

Satz: Die Familie saß gemeinsam im Restaurant und parlierte.

> **Gegenteil:** schweigen
>
> **Tipp:** Das französische Wort für „sprechen" ist „parler".

Fremdwort -Nr.226-

Parvenü

Häufigkeit: 

Bedeutung: Neureicher, Glückspilz, Raffke, Emporkömmling

Satz: Nach seinem Lottogewinn war er in der Stadt als Parvenü bekannt.

> **Gegenteil:** Unglücksrabe, Bankrotteur, Versager

Fremdwort -Nr.227-

Pathos

Häufigkeit:

Bedeutung: leidenschaftliches Verhalten, leidenschaftliche Ergriffenheit

Satz: Die Zeremonie wurde mit unerwartetem Pathos vollendet.

Fremdwort -Nr.228-

permittieren

Häufigkeit: 

Bedeutung: zulassen, erlauben, stattgeben, zusagen, gestatten, zugestehen

Satz: So wurde ihr ein weiterer freier Tag permittiert.

Fremdwort -Nr.229-

perniziös

Häufigkeit: 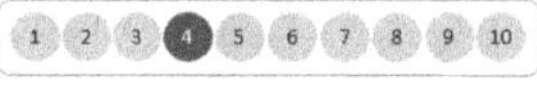

Bedeutung: unheilbar, schädlich, schlecht, niederträchtig, unselig, schlimm

Satz: Der Arzt diagnostizierte eine perniziöse Krankheit.

Fremdwort -Nr.230-

Phantasmagorie

Häufigkeit: 

Bedeutung: Scheinbild, Trugbild

Satz: Diese politische Entdeckung ist definitiv eine Phantasmagorie des zwanzigsten Jahrhunderts.

Fremdwort -Nr.231-

Phlegma

Häufigkeit:

Bedeutung: unerschütterliche Ruhe, Indolenz, Mangel an Erregbarkeit, Trägheit, Gemütsruhe

Satz: Trotz Vincents scheinbarem Phlegma wurde er auf die Party eingeladen.

Fremdwort -Nr.232-

pittoresk

Häufigkeit:

Bedeutung: malerisch, hübsch, bildschön

Satz: Das kleine Dorf machte mit ihren alten Gebäuden einen pittoresken Eindruck.

Fremdwort -Nr.233-

Pleonasmus

Häufigkeit:

Bedeutung: sinnähnliche oder sinngleiche Wörter/ Ausdrücke, bedeutungsgleiche Ausdrücke innerhalb einer Wortgruppe

Satz: Ein Beispiel für einen Pleonasmus liefert die Wortgruppe „weißer Schimmel", da ein Schimmel stets weiß ist.

Fremdwort -Nr.234-

post mortem

Häufigkeit:

Bedeutung: nach dem Tod

Satz: Schließlich wurde das Werk post mortem veröffentlicht.

> **Gegenteil:** ante mortem

Fremdwort -Nr.235-

Postulat

Häufigkeit: 

Bedeutung: Forderung

Satz: Das Postulat aus dem Jahr 2019 wurde proklamiert.

Fremdwort -Nr.236-

Präfiguration

Häufigkeit: 

Bedeutung: Anspielung, Vorausdeutung

Satz: Horrorfilme arbeiten meistens mit Präfigurationen.

Fremdwort -Nr.237-

präpotent

Häufigkeit:

Bedeutung: geschwollen, überheblich

Satz: Sein Verhalten erwies sich als durchaus präpotent.

Fremdwort -Nr.238-

Präsumtion

Häufigkeit: 

Bedeutung: Vermutung, Annahme

Satz: Meiner Präsumtion zu Folge wird Michael die Goldmedaille gewinnen.

> **Tipp:** Der englische Ausdruck für Annahme ist „presumption".

Fremdwort -Nr.239-

promiskuitiv

Häufigkeit: 

Bedeutung: Geschlechtsverkehr mit häufig wechselnden Partnern habend, sexuell freizügig

Satz: Fast alle Soldaten lebten zu diesem Zeitpunkt promiskuitiv.

> **Gegenteil:** monogam, asexuell

Fremdwort -Nr.240-

Proskynese

Häufigkeit:

Bedeutung: Fußfall/ Kniefall bei dem die Stirn den Boden berührt

Satz: Seine Unterwürfigkeit wurde mit einer Proskynese verdeutlicht.

Fremdwort -Nr.241-

Prostration

Häufigkeit: 

Bedeutung: große Erschöpfung

Satz: Der weite Weg zurück zur Kirche wurde mit Prostration zurückgelegt.

Fremdwort -Nr.242-

Purismus

Häufigkeit: 

Bedeutung: übertriebene Bemühung, etwas frei von unerwünschten Einflüssen/ rein zu halten

Satz: Purismus spielt insbesondere in der Sprache eine große Rolle.

Fremdwörter - Anfangsbuchstabe: Q

Fremdwort -Nr.243-

Querulant

Häufigkeit: 

Bedeutung: Person, die sich kontinuierlich wegen Lappalien beschwert

Satz: Erneut äußerte sich der Querulant.

Fremdwort -Nr.244-

Ratio

Häufigkeit: 

Bedeutung: gesunder Menschenverstand, Verstand, der logischen Schlüssen folgt, Denkvermögen

Satz: Hans appellierte an die Ratio seines Bruders.

> **Tipp:** Der Ausdruck „Ratio" stammt aus dem Lateinischen und bedeutet „Vernunft".

Fremdwort -Nr.245-

Rekonvaleszenz

Häufigkeit: 

Bedeutung: Gesundung, Genesung

Satz: Man erwartete seine Rekonvaleszenz innerhalb des nächsten Monats.

Fremdwort -Nr.246-

Reminiszenz

Häufigkeit: 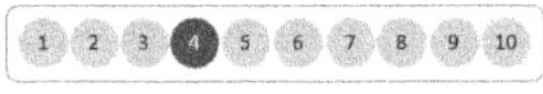

Bedeutung: Erinnerung, Erinnerungsstück, Anklang an früher Erfahrenes

Satz: Die Utensilien in der Kommode waren Reminiszenzen an ihre Kindheit.

Fremdwort -Nr.247-

renitent

Häufigkeit: 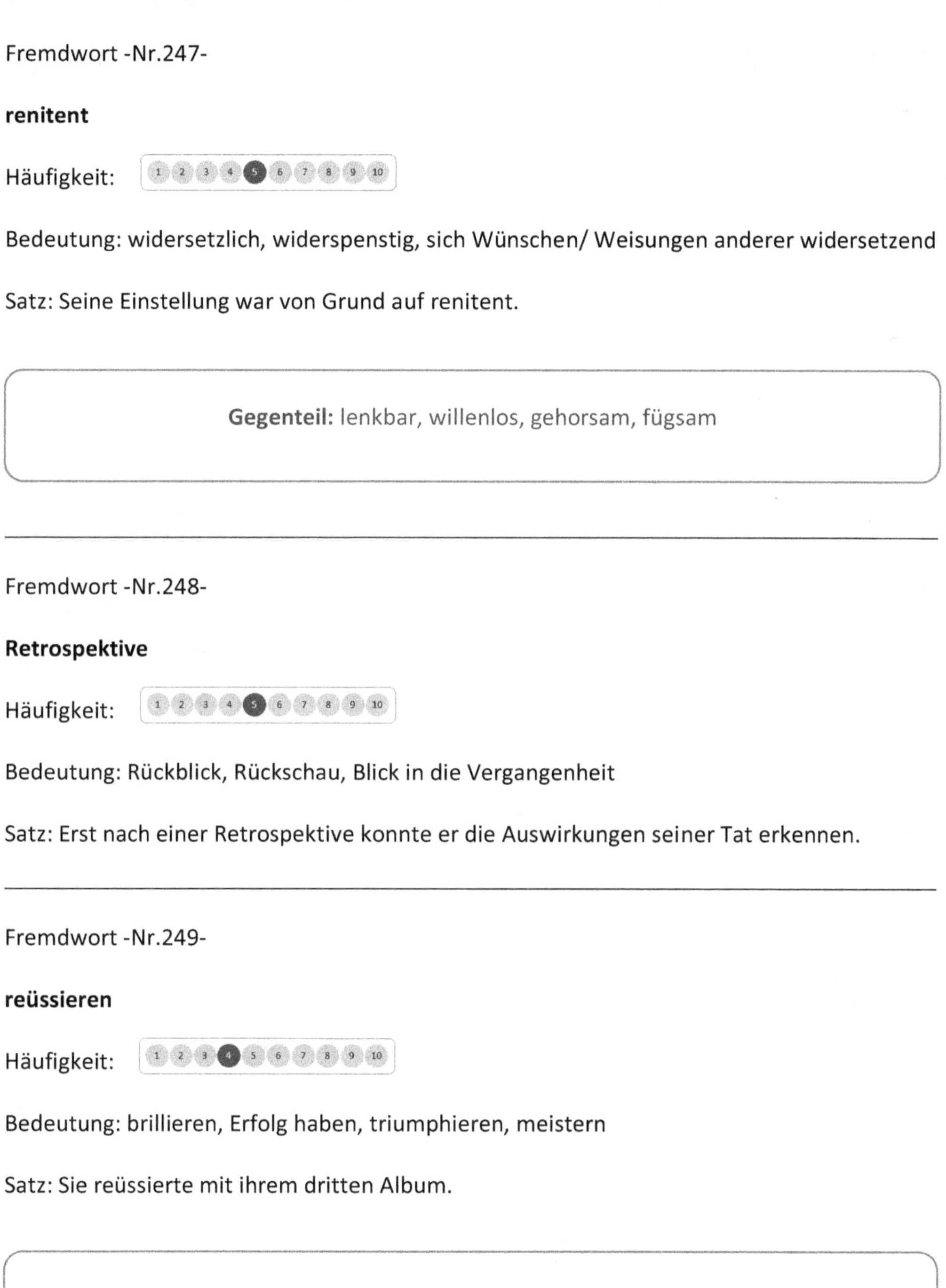

Bedeutung: widersetzlich, widerspenstig, sich Wünschen/ Weisungen anderer widersetzend

Satz: Seine Einstellung war von Grund auf renitent.

Gegenteil: lenkbar, willenlos, gehorsam, fügsam

Fremdwort -Nr.248-

Retrospektive

Häufigkeit:

Bedeutung: Rückblick, Rückschau, Blick in die Vergangenheit

Satz: Erst nach einer Retrospektive konnte er die Auswirkungen seiner Tat erkennen.

Fremdwort -Nr.249-

reüssieren

Häufigkeit:

Bedeutung: brillieren, Erfolg haben, triumphieren, meistern

Satz: Sie reüssierte mit ihrem dritten Album.

Gegenteil: versagen, scheitern

Fremdwort -Nr.250-

Revenant

Häufigkeit: 

Bedeutung: Geist/ Gespenst, wiederkehrend aus einer anderen Welt

Satz: Der Revenant sprach zur Familie.

Fremdwort -Nr.251-

revieren

Häufigkeit: 

Bedeutung: das Revier betreten/ begehen

Satz: Mein Hund Rex war gestern revieren.

> **Tipp:** Der Ausdruck „revieren" wird vor allem in der Jägersprache verwendet.

Fremdwort -Nr.252-

rezipieren

Häufigkeit: 

Bedeutung: verstehen, wahrnehmen, aufnehmen

Satz: Am Abend bat ihn seine Frau den Film zu rezipieren.

Fremdwort -Nr.253-

Sagazität

Häufigkeit: 1 2 3 4 5 6 7 8 9 10

Bedeutung: Intellekt, Geistesschärfe, Scharfsinnigkeit

Satz: Das Aufstellen einer derartigen Hypothese konnte sicher als Beweis für seine Sagazität verstanden werden.

Gegenteil: Dummheit

Fremdwort -Nr.254-

sakrosankt

Häufigkeit: 1 2 3 4 5 6 7 8 9 10

Bedeutung: unverletzlich, unantastbar

Satz: Für den Priester ist das Beichtgeheimnis grundsätzlich sakrosankt.

Fremdwort -Nr.255-

salvatorisch

Häufigkeit: 1 2 3 4 5 6 7 8 9 10

Bedeutung: ergänzend/ aushilfsweise geltend

Satz: Die Klausel galt lediglich salvatorisch.

Fremdwort -Nr.256-

saturiert

Häufigkeit:

Bedeutung: träge, verwöhnt, satt, gleichgültig

Satz: Mit einem Lächeln erklärte Matthias, dass die Abteilung nun saturiert war.

Fremdwort -Nr.257-

Schimäre

Häufigkeit:

Bedeutung: Hirngespinst, Trugbild

Satz: Mit dieser Schimäre kann das Dorf nicht gerettet werden.

Fremdwort -Nr.258-

Schmähung

Häufigkeit:

Bedeutung: Beschimpfung, Verachtung, Beleidigung, Herabsetzung

Satz: Er sollte sich glücklich schätzen, da er trotz der Schmähung im Unternehmen bleiben darf.

Gegenteil: Verehrung, Anerkennung

Fremdwort -Nr.259-

Sentenz

Häufigkeit: 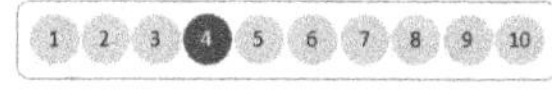

Bedeutung: Satz, Äußerung, Schlagwort, Zitat, Leitsatz, Spruch, Phrase, Merkspruch

Satz: Seine Sentenz konnte durchaus als unverschämt aufgefasst werden.

Tipp: Der englische Ausdruck „sentence" bedeutet Satz.

Fremdwort -Nr.260-

servil

Häufigkeit: 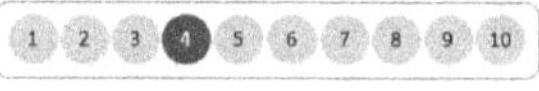

Bedeutung: kriecherisch, lakaienhaft, unterwürfig, knechtig

Satz: Sie verhielt sich zutiefst servil, da er ihr das Leben rettete.

Gegenteil: dominant, selbstbewusst

Fremdwort -Nr.261-

sessil

Häufigkeit: 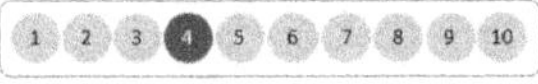

Bedeutung: festgewachsen, festsitzend

Satz: Raum hat insbesondere für sessile Organismen eine enorme Bedeutung.

> **Tipp:** Der Ausdruck „sessil" wird vor allem in der Biologie verwendet.

Fremdwort -Nr.262-

sistieren

Häufigkeit: 

Bedeutung: aufheben, unterbrechen, (vorläufig) einstellen, unterbinden

Satz: Die Verfassung wurde am 3. Januar 1858 sistiert.

Fremdwort -Nr.263-

Skeuomorphismus

Häufigkeit:

Bedeutung: Objekt, das andere Materialen imitiert

Satz: Bernd stellt sich die Frage ob Skeuomorphismus im Software-Bereich sinnvoll ist.

Fremdwort -Nr.264-

soigniert

Häufigkeit: 

Bedeutung: seriös, gehoben, gepflegt, elegant, stilvoll

Satz: Seine äußerliche Erscheinung ist unumstritten soigniert.

> **Tipp:** „Soigniert" stammt vom französischen Wort „soigner".

Fremdwort -Nr.265-

Somnolenz

Häufigkeit: 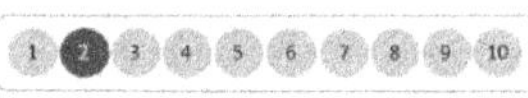

Bedeutung: Bewusstseinstrübung, Schläfrigkeit

Satz: Nach der Operation befand er sich in einem Zustand der Somnolenz.

> **Tipp:** Der Ausdruck „Somnolenz" wird vor allem in der Medizin verwendet.

Fremdwort -Nr.266-

spinös

Häufigkeit:

Bedeutung: knifflig, heikel, sonderbar, schwierig

Satz: Der Bauleiter verhielt sich gestern spinös.

Fremdwort -Nr.267-

spintisieren

Häufigkeit:

Bedeutung: wunderlichen, abwegigen, eigenartigen Gedanken nachgehen

Satz: Zudem begann Raphael nach seinem Unfall zu spintisieren.

Fremdwort -Nr.268-

statutarisch

Häufigkeit:

Bedeutung: auf einem Statut beruhend, satzungsgemäß

Satz: Der Bedienstete hat in diesem Zusammenhang statutarische Ansprüche.

Fremdwort -Nr.269-

stoisch

Häufigkeit:

Bedeutung: gleichmütig, unerschütterlich

Satz: Das Publikum erwartete ein stoisches Auftreten des Teams.

Fremdwort -Nr.270-

stratifizieren

Häufigkeit: 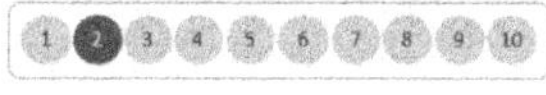

Bedeutung: Saatgut, das langsam keimt, in Wasser oder feuchtem Sand schichten (um den Keimprozess zu beschleunigen)

Satz: Der Bauer beschloss die Saatgut zu stratifizieren.

> **Tipp:** Der Ausdruck „stratifizieren" wird vor allem in der Landwirtschaft verwendet.

Fremdwort -Nr.271-

Stridulation

Häufigkeit: 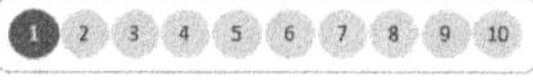

Bedeutung: Laute durch Gegeneinanderstreichen von beweglichen Körperteilen erzeugen (insbesondere bei spezifischen Insekten)

Satz: Der hochfrequente Schall wurde mittels Stridulation erzeugt.

> **Tipp:** Der Ausdruck „Stridulation" wird vor allem in der Zoologie verwendet.

Fremdwort -Nr.272-

Suada

Häufigkeit: 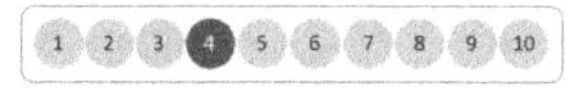

Bedeutung: Tirade, Wortschwall, Redeschwall, überredend, zuredend, langatmige Rede

Satz: Er war sich der Auswirkungen seiner Suada bewusst.

Fremdwort -Nr.273-

subnival

Häufigkeit: (1) 2 3 4 5 6 7 8 9 10

Bedeutung: unter Schnee befindlich

Satz: Diese Pflanze kommt in Österreich ausschließlich in subnivalen Höhenstufen vor.

Fremdwort -Nr.274-

substanziieren

Häufigkeit: 1 (2) 3 4 5 6 7 8 9 10

Bedeutung: begründen, mit Substanz füllen, legitimieren, mit Tatsachen belegen, fundieren

Satz: Der Staatsanwalt war gezwungen seine Anschuldigung zu substanziieren.

Fremdwort -Nr.275-

suszipieren

Häufigkeit: 1 (2) 3 4 5 6 7 8 9 10

Bedeutung: übernehmen, annehmen

Satz: Dennis entschied die Führung zu suszipieren.

Fremdwort -Nr.276-

taktil

Häufigkeit: 

Bedeutung: berührungsempfindlich, den Tastsinn betreffend, berührungssensitiv

Satz: Bis dahin waren die taktilen Fähigkeiten unzureichend ausgeprägt.

Gegenteil: auditiv, visuell, olfaktorisch

Fremdwort -Nr.277-

tangibel

Häufigkeit: 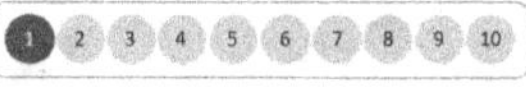

Bedeutung: materiell, berührbar, wertmäßig bewertbar, fassbar

Satz: Für die Gründung einer Kapitalgesellschaft können ebenfalls tangible Werte als Sacheinlagen dienen.

Fremdwort -Nr.278-

Teint

Häufigkeit: 

Bedeutung: Farbe und Zustand der Gesichtshaut

Satz: Nach dem Urlaub hatte Jürgen einen sehr dunklen Teint.

> **Tipp:** Der Ausdruck „Teint" stammt aus dem Französischen.

Fremdwort -Nr.279-

Temperenz

Häufigkeit:

Bedeutung: Mäßigkeit im Alkoholgenuss, Enthaltsamkeit

Satz: Nach seinem zweiwöchigen Entzug konnte er tatsächlich eine Temperenz verzeichnen.

Fremdwort -Nr.280-

Testimonial

Häufigkeit:

Bedeutung: Referenz, Zeugnis (oftmals eines zufriedenen Kunden)

Satz: Das Unternehmen konnte durch diverse Testimonials überzeugen.

> **Tipp:** Der Ausdruck „Testimonial" stammt aus dem Englischen.

Fremdwort -Nr.281-

Theodizee

Häufigkeit: 

Bedeutung: die Rechtfertigung Gottes für das Böse/ Übel/ Leid

Satz: Der Pfarrer versuchte Martin die Bedeutung der Theodizee zu erläutern.

> **Tipp:** Der Ausdruck „Theodizee" wird ausschließlich im religiösen Kontext verwendet.

Fremdwort -Nr.282-

Tinktur

Häufigkeit: 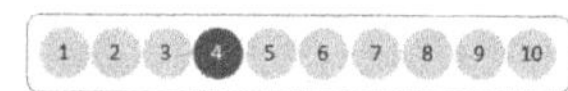

Bedeutung: Auszug aus tierischen oder pflanzlichen Grundstoffen

Satz: Tinkturen sind für die Medizin sehr wichtig.

Fremdwort -Nr.283-

Tirade

Häufigkeit:

Bedeutung: Wortschwall, Worterguss, Predigt

Satz: Sie war froh, den Tiraden ihres Vaters entkommen zu sein.

Fremdwort -Nr.284-

titanisch

Häufigkeit: 1 2 3 **4** 5 6 7 8 9 10

Bedeutung: gewaltig, kolossal, übernatürlich, exorbitant, in der Art eines Titanen

Satz: Der Baukran hinterließ einen titanischen Eindruck.

Gegenteil: winzig, mittelmäßig, gewöhnlich

Fremdwort -Nr.285-

tolldreist

Häufigkeit: 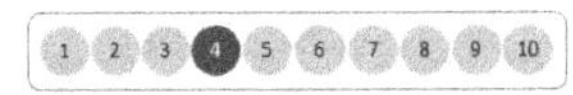

Bedeutung: kühn, sehr dreist

Satz: In der Gruppe machte Marvin tolldreiste Bemerkungen.

Fremdwort -Nr.286-

tradieren

Häufigkeit: 1 2 3 **4** 5 6 7 8 9 10

Bedeutung: übergeben, lehren, anvertrauen, überliefern, erzählen

Satz: Die Nachricht konnte gestern erfolgreich tradiert werden.

Fremdwort -Nr.287-

Traktat

Häufigkeit: 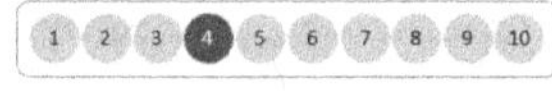

Bedeutung: Streitschrift, Flugschrift, Schmähschrift

Satz: Auf dem Schreibtisch hinterließ er überaus wichtige Traktate.

Fremdwort -Nr.288-

transpirieren

Häufigkeit: 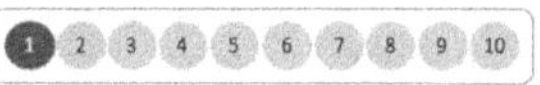

Bedeutung: schwitzen

Satz: Bei großer Aufregung begann er stets stark zu transpirieren.

Fremdwort -Nr.289-

transgredieren

Häufigkeit:

Bedeutung: Überfluten großer Festlandsmassen

Satz: Man konnte beobachten wie das Meer transgredierte.

> **Tipp:** Der Ausdruck „transgredieren" wird vor allem in der Geologie verwendet.

Fremdwort -Nr.290-

ubiquitär

Häufigkeit: 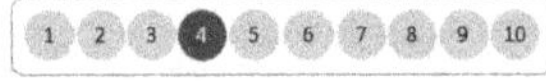

Bedeutung: überall verbreitet, allgegenwärtig, omnipräsent

Satz: Die Verbreitung des Stoffes im Boden war leider ubiquitär.

Fremdwort -Nr.291-

unanim

Häufigkeit: 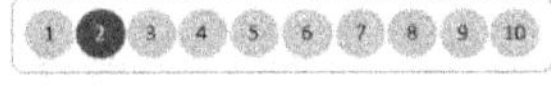

Bedeutung: einmütig, einhellig

Satz: Mark wurde als unanime Persönlichkeit beschrieben.

Fremdwort -Nr.292-

uniert

Häufigkeit: 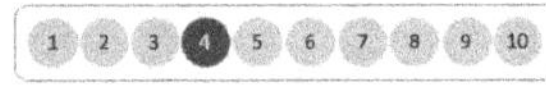

Bedeutung: geeint, vereinigt

Satz: Nach dem Krieg war die Familie erneut uniert.

Fremdwort -Nr.293-

Usance

Häufigkeit: 1 2 3 **4** 5 6 7 8 9 10

Bedeutung: Gepflogenheit, Brauch, Usus, Gewohnheit

Satz: Die Usance wurde schriftlich fixiert.

Fremdwörter - Anfangsbuchstabe: V

Fremdwort -Nr.294-

Vendetta

Häufigkeit: 1 2 3 4 **5** 6 7 8 9 10

Bedeutung: Revanche, Blutrache, Vergeltung, Rache

Satz: Gegen den Mörder seines Bruders plante Tobias eine Vendetta.

> **Tipp:** Der Ausdruck „Vendetta" kommt aus dem Italienischen.

Fremdwort -Nr.295-

verbos

Häufigkeit: **1** 2 3 4 5 6 7 8 9 10

Bedeutung: wortreich, breit, ausführlich, erschöpfend

Satz: Eriks Aufsatz erwies sich als verbos.

Fremdwort -Nr.296-

verquer

Häufigkeit:

Bedeutung: quer, schief, schräg

Satz: Der Tisch stand verquer in der Ecke.

Fremdwort -Nr.297-

vitiös

Häufigkeit:

Bedeutung: mangelhaft, fehlerhaft, unrichtig, lückenhaft, inkorrekt

Satz: Seine Beobachtung konnte nicht verifiziert werden, da sie vitiös war.

Fremdwort -Nr.298-

votieren

Häufigkeit:

Bedeutung: für jemanden/ etwas stimmen

Satz: Der Lehrer ermutigte seine Schüler für den Klassensprecher zu votieren.

> **Tipp:** Der englische Ausdruck für Stimme/ Wahl ist „vote".

Fremdwort -Nr.299-

Zampano

Häufigkeit: 

Bedeutung: Mann, der sich durch prahlerisches, übertriebenes Gehabe wichtig tut; Jemand, der durch Prahlerei den Anschein erweckt Unmögliches realisierbar machen zu können

Satz: Walter spielt sich heute erneut wie der mächtige Zampano auf.

Fremdwort -Nr.300-

zotig

Häufigkeit: 

Bedeutung: obszön, unanständig, derb

Satz: Die Ausdrücke von Patrick am gestrigen Abend waren gewiss zotig.

Herzlichen Glückwunsch! Sie haben erfolgreich 300 Fremdwörter für Fortgeschrittene gelernt und sind nun am Ende der Wortliste angelangt. Fühlen Sie sich bereits wie eine Rhetorik-Bestie, die einen kleinen Test bewältigen kann? Dann folgt nun abschließend ein Lückentext auf Basis einer randomisierten Auswahl der erlernten Fremdwörter. Die Lücken enthalten Synonyme, die unmittelbar darauffolgend in einer Klammer vorzufinden sind. Diese haben die Funktion Ihnen zu helfen das gesuchte Fremdwort zu ermitteln. Zusätzlich ist jede Lücke nummeriert, damit Sie am Ende des Textes überprüfen können, ob Sie mit Ihrer Einschätzung richtig lagen. Daher folgt abschließend eine Lösungsübersicht der gesuchten Wörter.

Jetzt sind Sie dran!

2.Test

Auf Grund seiner ______________ 1 (Selbstüberschätzung) kam die Wahlkampfniederlage für den Gouverneur John Dawson völlig überraschend. Obwohl er sich für die herausfordernde Position des Präsidenten seines ganzen Mutes ______________ 2 (auf einen höheren Grad bringen), gelang es ihm nicht sich gegen seinen populären Kontrahenten durchzusetzen. Voller ______________ 3 (Uneigennützigkeit) versprach er der Bevölkerung, sich mit Herz und Seele für mehr Gerechtigkeit innerhalb des Landes einzusetzen und konnte dennoch keinen Sieg verzeichnen. Trotz ______________ 4 (höchste Gründlichkeit) bei der Erkundung der Schwächen seines Gegners konnte er bei den Wählern mehrheitlich nicht überzeugen.

Ob es wohl an seiner teils ______________ 5 (unnatürlich) wirkenden Persönlichkeit lag? Oder war eventuell sein privater Ruf als ______________ 6 (Taugenichts) Grund für die knappe Niederlage? Gewiss wusste die Gesellschaft um seinen ______________ 7 (sexuell freizügig) Lebensstil und seine umstrittenen Partys. Auf viele Frauen im Bundesstaat wirkte er daher nicht selten ______________ 8 (abstoßend). Jedenfalls löste der Misserfolg bei John tiefe ______________ 9 (Missstimmung) aus, die ihn am Tag des Scheiterns nicht mehr losließ. Sein vorab ______________ 10 (überheblich) Verhalten, wurde schließlich durch ein eher ______________ 11 (schmerzerfüllt) Auftreten abgelöst.

Da John im Vorhinein zudem übereifrig seinen Wahlkampfhelfer nach mehreren kleinen Meinungsverschiedenheiten ______________ 12 (freistellen), war es nicht verwunderlich, dass der als ______________ 13 (eine krankhaft selbstbezogene Person) bekannte Politiker, selbst in seinem eigenen Team, zunehmend an Vertrauen verlor. Ebenfalls die öffentliche Meinung lies nach rar werdenden ______________ 14 (finanzielle Zuwendungen), als Reaktion auf die Verkleinerung seines Wahlkampfstabs, ebenfalls nicht lange auf sich warten. Doch selbst nach anfänglichen Enttäuschungen wie diesen, wahrte John stets seine ______________ 15 (Selbstbeherrschung). Immerhin galt er als gebildet, fleißig und überaus zielstrebig.

__________ 16 (den Selbstunterricht betreffend) brachte er sich fundiertes wissenschaftliches- und politisches Wissen bei und nahm zudem an unzähligen Rhetoriktrainings teil, um sich einer __________ 17 (sorgfältig herausgebildet) Sprache zu bedienen. Nicht selten erhielt John für seine mit großem Interesse verfolgten Reden und Vorträge die ein oder andere __________ 18 (Lob in übertriebener Form) seiner gutgesinnten Parteigenossen. Obwohl er davor stets von __________ 19 (krankhafte Unruhe) geprägt war, gelang es ihm immer, seine Wählerschaft zu begeistern und zu unterhalten.

John konnte sich die Niederlage partout nicht eingestehen. Wie konnte er verlieren? Er, der gutaussehende, immer gut gelaunte und sympathische Politiker mit sehr beeindruckenden Referenzen. Das konnte für ihn eigentlich nur eine __________ 20 (Verschwörung) zur Ursache haben. Einen anderen Grund konnte er sich wahrlich nicht vorstellen. Diese omnipräsente __________ 21 (seelische Schmerz) konnte er unmöglich selbst verschuldet haben. Da wurde John zunehmend __________ 22 (mit viel Gefühl und Selbstmitleid) und versank mit einem Glas edlem Wein einsam im Sessel seines prunkvollen Arbeitszimmers. Den einen Moment von regelrechter __________ 23 (Menschenhass) geprägt, trauerte er im nächsten Augenblick ausschließlich um seinen verflogenen Lebenstraum: der Position des Präsidenten. __________ 24 („Mein Gott!"), schrie er jähzornig. Wut und Unzufriedenheit bestimmten nun seine sonst so __________ 25 (vornehm) Art.

Sicher war __________ 26 (Vetternwirtschaft) der Grund für den Erfolg seines Kontrahenten. Wie sonst hätte er mit nur 45 Jahren Präsident werden können? John fühlte sich wie ein __________ 27 (Ausgestoßener). Vom __________ 28 (leidenschaftliches Verhalten), der ihn sonst umgab, war sichtlich keine Spur mehr. Doch plötzlich lies John das halbvolle Glas, aus seinem sonst so festen Griff, auf den edlen Perserteppich, fallen. Auf einmal hatte er eine __________ 29 (Vermutung) über den Grund für sein unerwartetes Scheitern. Seine __________ 30 (gesunder Menschenverstand) machte ihm durch eine __________ 31 (Blick in die Vergangenheit) klar, dass gesellschaftliche Umbrüche zugunsten seines Widersachers, zu seinem Verhängnis wurden.

                                              ALBRECHT VAN ANDERS

John ruhte sich nach wie vor auf seiner öffentlichen Präsenz, seinem Charisma und seiner Aura aus, vernachlässigte aber die Identifikation mit seiner Zielgruppe: den Bürgern der Nation. Durch die ______________ 32 (maßlos) materialistische und elitäre Persönlichkeit des letzten Präsidenten, die nicht selten ______________ 33 (Verachtung) zur Folge hatte, suchten die Menschen aktiv nach einem transparenten Nachfolger, der Greifbarkeit und Bürgernähe verkörperte. All das, was nicht er, sondern permanent sein Kontrahent repräsentierte.

1 = Manie/ Hybris

2 = gradierte

3 = Altruismus

4 = Akribie

5 = affektiert

6 = Lorbass

7 = promiskuitiven

8 = degoutant

9 = Malaise

10 = dünkelhaftes/ präpotentes

11 = doloröses

12 = dispensierte

13 = Egomane

14 = Dotationen

15 = Contenance

16 = Autodidaktisch

17 = elaborierten

18 = Eloge

19 = Jaktation

20 = Konspiration

21 = Krux

22 = larmoyant

23 = Misanthropie

24 = Mon dieu!

25 = mondäne/ illustere

26 = Nepotismus

27 = Paria

28 = Pathos

29 = Präsumtion

30 = Ratio

31 = Retrospektive

32 = gigantesk

33 = Schmähung

ALBRECHT VAN ANDERS

Impressum

Herausgeber

Angaben gem. § 5 TMG:

Vorname, Name: Zerna, Philipp

Adresse: Friedensstraße 30b

PLZ: 68804 Altlußheim

Germany

Kontaktaufnahme:

E-Mail: philippzerna@gmx.de